「学び」と「集い」の図書館に挑む

大学図書館の未来と創造

大正大学附属図書館

大正大学出版会

はじめに

　本書は、本学で開催の第84回（2023年度）私立大学図書館協会研究大会を記念して出版するものです。大会テーマは「ポスト・コロナを切り拓く大学図書館」です。

　ポスト・コロナを迎えた私たちの社会は、時代の転換点に置かれています。これまでの価値観が大きく変化し、人びとのつながりもまた大きく変化しました。そんな転換点にあって、大学図書館はこれまでの取組を見直し、新たな道を切り拓く必要があると考えています。

　本学の新しい附属図書館が入る建物は、1階にラーニングコモンズを備えた総合学習支援施設として、2020年8月末に仮オープンし、11月にグランドオープンしました。パンデミック下でのオープンでした。学生は毎日オンライン授業を受けていましたので、キャンパスは閑散としていました。

　コロナ禍で分かったことは、学生は取り残されがちな、弱い存在であったということです。学生を取り残さないために、本学では、教職員が総力戦で、まさに全力でさまざまな学生支援に取組みました。図書館でも、自宅で毎日オンライン授業を受ける学生たちの思いを想像しながら、できることは全てやろうという強い思いと願いを持っていました。

　本学の図書館は、地域に根ざし、新しい図書館が開館する前から地域に開放していました。高校生もその対象でした。このような地域に根ざした大学図書館としての在り方は、本学の創立理念である「智慧と慈悲の実践」に基づいています。

　2020年5月、新型コロナ・ウイルスが5類に移行したことに伴い、本学図書館もようやく一般開放を再開し、多くの市民が訪れています。多くの中学生や高校生も学びの場として本学の図書館を活用しています。小さなキャンパスのランドマークとして、多くの本学の学生はもとより、市民、生徒を集め、賑わいを見せています。若者も高齢者も、学ぼうとする気持ちを持つかぎりにおいては、年齢差は関係ありません。

　まさに、これはポスト・コロナの光景でもあり、社会生活が日常を取り戻したのです。

　ポスト・コロナでは、大学図書館を一般に開放するという意味もまた異なります。長く絶たれた人びととのつながりを取り戻し、再生していくことが必要です。

　社会においても、パンデミック以前よりも、一層人びとが集い合う場が求められています。大学図書館は、集い合い、そして、学び合うことによって、新たなつながりや発見が生まれる場です。私たちは、ポスト・コロナにおいて、そのような大学図書館にしていきたいと考え、新たな一歩を踏み出しています。

　本学の図書館は、社会での包摂的な図書館でありたいと考えています。「学ぶこと」は「生きること」につながります。自ら学ぶことを通して、生きる力が引き出されてきます。SNSが進展した現代社会では、社会的包摂どころか、社会的排除に向かいがちな面があります。

私たち一人ひとりは弱い存在です。だからこそ、支え合うことが必要です。支え合いにもさまざまな在り方があります。そして、支え合うためには、集い合う場が必要です。私は、「ゆるいつながり」が大切であると考えています。本学の図書館は、まさにそういう場でありたいと考えています。

　だからこそ、私たちはコロナ禍を一つのチャンスと捉え、前向きにさまざまな取組にチャレンジしてきました。

　作家の大江健三郎氏が残した文章に「持続する志」があります。1996 年に書かれたこの短いエッセイでは、月刊誌『世界』（岩波書店）が創刊 20 年を迎えたことを踏まえ、アメリカの雑誌『ネーション』の創刊号を例にしながら、問題の予兆を取り上げ、その後も持続して問題を取り上げ続けることの意味、持続することの意味を綴っています。

　何事も続けることによって見えてくる景色があります。自分の中に、そして自分の外に、新たな景色が広がっていきます。

　「志」は、集い合うことによって、「同じ志」として収斂されていく場合があります。志の萌芽への種を植えること、芽生えを支えること、芽生えたものを育て続けるとこと、地味で目立たない、しかし、持続した取組は社会のさまざまな場所で、小さな、しかし強い志によって持続されています。そのような「持続する志」は図書館にも求められます。

　これからも本学図書館は、社会の変化にも敏感でありたいと考えています。社会の小さな変化を見過ごさず、対応すること。一方で、変化のスピードに惑わされず、何が大切であるかを見きわめていくこと。そのようなことを大切にしていきたいと思います。

　どのような仕事にも創意工夫が求められます。新たな価値の創造は、役割やイメージが固定したような図書館という場所でこそ一層求められます。「創発」を生み出すための小さなタネは、日々の仕事の中に蒔かれているはずです。

　私たちが目指す大学図書館像である「学びのコミュニティ」は、一朝一夕では創出することはできません。利用者である本学の学生はいうまでもなく、教職員、子どもたちを含む老若男女の市民の関わりがあって初めて創出され、発展していくものです。

　これからも私たちは挑戦し続けていきます。利用者の笑顔に出会うために、利用者の喜びの声を聞くために、力を尽くしていきたいと思います。

　この小さな 1 冊が、読者の明日への確かな糧となることを心より願います。

大正大学附属図書館長　図書館情報メディア部長　稲井 達也

2023（令和 5）年 9 月

目　　次

特別寄稿　大学図書館について思うこと

　本学の新図書館は、コロナ禍真っただ中の2020（令和2）年11月にオープンしました。時代や社会が激変する中で、高等教育機関として時代の変化に即応できる知識と応用力、実践力を身につけさせることを最優先に考え、図書館と教育施設を複合・統合する新しいタイプの大学図書館を目指しています。この理念は、図書館長が推進するビジョン「創発する総合学修支援施設」とも合致するものと確信しています。

　本学は、大乗仏教精神「智慧と慈悲の実践」を教育理念として、旧大学令の下、1926（大正15）年に設立された大学です。教育・研究施設のあり方については、開学当初より教員と学生の距離を極力縮めることを基本とし、研究室と図書閲覧室を隣接させることにより、学生の学問に対する興味と関心を大いに発揚してきました。今風に言えば、ラーニングコモンズと研究室との接近で、日常的に研究指導をおこなってきたのです。まさしく「学びのコミュニティ」の実現により、家族的雰囲気の中で師弟が交流、自由闊達な学風が築かれました。

　今回の改築にあたっては、そうした創立以来の伝統も引き継いでいます。ヒューマンサイズと言われる比較的小さなキャンパスの利点を生かし、メインの図書館を基軸として、学部、学科の研究室とラーニングコモンズとの適度な間隔を保っています。「本」と「人」との融合により新しい知識が生成され、連携の輪を広げることにより、学内の学習ネットワークが形成される。その学びのプラットフォームの拠点が図書館なのです。

　この図書館が、先人の残した知識や知恵に学びつつ、真実を探究し、未来を志向し、常に新しい価値を生み出し発信しようとする意欲ある学生たちであふれることが、私たちの理想であり、喜びでもあります。

　今、時代はDX推進がキーワードです。すべての「もの」や「こと」がネットワークでつながる時代であるからこそ、学生が図書館に集い、実物を手に取り、議論を交わすことはますます有益なことになります。そこに地域住民の皆さまや地元の高校生たちにも参加してもらうことで、大学ならではの「学びのコミュニティ」を創出することこそが本学に求められている最大のテーマであり、目標であると思っています。

大正大学専務理事　柏木 正博

巻頭特別インタビュー

片山 善博 教授と
髙橋 秀裕 学長に聞く

片山 善博 教授

髙橋 秀裕 学長

「大学図書館の未来」

コロナ禍を経て、世の中のあらゆるものが変化した昨今。
教育界においてもさまざまなものに変化と進化が求められた。
そんな世の中だからこそ求められる、これからの大学図書館の在り方について、
本学の片山善博特任教授と髙橋秀裕学長に稲井達也大学附属図書館長が
インタビューを行った。
それぞれの立場から見えてくる "大学図書館の未来 " とは——

Interview1

片山 善博（かたやま・よしひろ）

県知事として図書館の在り方を考える

——本日は、お忙しいところありがとうございます。

　片山先生は、鳥取県知事をお務めでしたが、私は、これまで鳥取県立図書館には何度か足を運びまして、非常に感銘を受けました。とにかく県が県民に向けて、「何か情報が必要なときには県立図書館に来てください」と呼び掛けており、館内には、例えばビジネス書のコーナーや女性向けの医療コーナーなど、県民のニーズに応じた、本当にさまざまなコーナーが作られており、多くの方で賑わっておりました。

　当時の県立図書館長からはその礎を作られたのが片山先生とお聞きしておりますが、その辺りについて、お話いただければと思います。

片山：私は鳥取県で知事になりましたときに、まず鳥取県をどういう特色のある県にしようかと考えました。国柄という言葉がありますように、県柄というのは変なんですけれども、鳥取県というものをどういう地域にしていこ

うかというときに、やはり知的な地域にしたい、なってもらいたいなと。

当時、知の地域づくりという言葉をつくりまして、県のイメージをそういうふうにしていこうじゃないかと考えました。それはどこに発したかと言うと、こんなことを言うと変ですが、それまで鳥取県は土建王国のようなところがあったんです。公共事業が大手を振ってまかり通る。予算でも公共事業が聖域のようになっていて、教育とかそういう面が多少ないがしろにされているような印象がどうしても拭えなかったんです。

その公共事業というのは本当に必須なものかというと、かつてはそうでした。道路事情も悪いし、それから大都市から離れているので空港の整備が必要だし、さらに物流の拠点である港湾の整備も必要で。ですが、年々整備が進み、道路なんかも他県に比べても遜色ないような状態になって、港湾も立派になっている。それなら予算をある程度シフトさせて、知の地域づくりのほうにもう少し回す必要があるのではないかというのが基本認識でした。

そういう意味で、教育というものを中心に置く県政をやろうということにしたわけです。教育というのはただ狭い意味の学校教育だけではなくて、生涯学習、社会教育を含めた広い意味での教育ということです。もちろん学校教育にはことのほか力を入れました。実は少人数学級を全国で初めてやった

のは鳥取県です。

それから、いろいろなことをやりましたが、その一環で学校の図書館はどうかという関心もあって、学校の図書館をつぶさに見たら、これはちょっとまずいなと。人はいないし、暗いし、本は古いしといった問題意識を持ちました。

それから、先ほどの社会教育とか生涯学習という点でも、図書館は1つの拠点となりますから、県立図書館はどうかと見れば、立派な図書館を造ってあったのですが、あまり元気がない、ちょっと沈滞している、という印象を受けました。それで教育委員会と話をして、図書館というものにもっと光を当てようじゃないかということにしたんですね。これが経緯なんです。

その際に、図書館の司書さんやスタッフと一回ざっくばらんに話をしようじゃないかということになりました。一般行政の所管をしている知事として、また図書館の一ユーザーとしての不満というか要望もあるしということで、意見交換をする機会を持ったんです。

そうしたら、こっちの言い分をよく聞き、耳を傾けてくれましたが、先方もたくさん言いたいことがあるわけです。「実は私たち、こんなこともやりたいです」と。私が、やればいいじゃないのと言うと、「先立つものが全然ないし、スタッフは少ないし……。だから金と人員がそろえばこんなこと

や、あんなこともやりたい、といった思いの丈を、今日は話させてもらいます」と。

それで、ああ、司書さんやスタッフはこんなことを考えているのかと、それはぜひやったらいいんじゃないかということで、予算をしっかりつけることにして、定数も増やすことにして、ということをやったんですね。

——全国の知事を見ても、なかなかそういうところに目を向けられない方も多くいらっしゃる中で、片山先生が図書館に目を向けられたのは文化を重視されたということだと思います。先生のこれまでのご経験の中にそこに通じる出来事があったのでしょうか。

片山：いろいろあります。1つは、私は子供が6人いまして、それで国家公務員をやっていましたから、公務員住宅に住んでいて手狭で、書斎を確保するとか書棚をふんだんに置くとか、まして子供の本をたくさん買って、6人全員が書架を持つというのは無理でした。ですから、図書館のヘビーユーザーだったんです。子供が小さいときから、カルガモのように図書館にずらずらっと自転車で連れていくとか、そんなことをやっていました。

図書館というのはやはりとてもありがたい存在です。子供が知的好奇心を満たす空間です。だから図書館はちゃんと充実しておいてほしいというのが個人の立場としてありました。

それから、行政の責任者として見た

ときに、鳥取県というのは財政的にも非常に恵まれていませんし、経済的にも取り立てて見るべきものがないです。石油などの資源が出るわけでもない、工業地帯があるわけでもない、商業集積があるわけでもない。

これから、鳥取県をできれば物心ともに豊かな地域にしていこうと思ったときに、その核となるのは何だろうかと考えました。それは、人材、人なんです。人口は日本で一番少ないですが、そうは言っても一人一人がこれまで以上に輝けば、才能を今まで以上にいかんなく発揮すれば、それは地域全体としては大きなパワーになるだろうと。そこに着眼して、人をちゃんと育てようと思ったら、広い意味での教育が重要になるわけです。という両面の意識がありました。

地域社会での図書館の役割とは

——そうしますと、それが先生の知事時代を含めた政治家としての理念といいますか、そういうものが行政の中に行き渡るようにされたということになるわけですね。

片山：そうです。

——視点を変えますと、今、コロナ禍を経て、地域社会の人びとのつながりが徐々に薄くなったり、断絶したりしていく中で、また経済的にも厳しい方もいる中で、図書館というものが人び

とにとって非常に重要な場になるということでしょうか。繰り返しにはなりますが、地域社会の中で、図書館が持つ意味というのは、先生の中で非常に大きなものと考えてよろしいでしょうか。

片山：知的関心とか、知的好奇心とかそれを満たせる場所というのは、地域では図書館が一番中心になると思います。

それで、図書館というのは、従来は建物があって、本があって、暇な人がぶらっと立ち寄って、面白そうな小説を借りて読むという、こんなイメージがあったと思います。

それも1つの利用の形態としてよいのですが、そればかりではなくて、例えば自分が生活したり、仕事をしたりしている面で、これをちょっと調べてみたいなとか、これを知りたいなといったときに必要な情報がそろっている。今だったらインターネットである程度の情報が取れますが、もっときちんと正確でしっかりとした情報を体系的に取ろうと思ったら、書物や資料などに当たらなければいけないので、それが用意されているのは図書館だと思います。

だから、そういう意味で図書館には地域の知の拠点としての役割が期待されると思います。また、これは図書館関係者の皆さんと当時ちょっとやり取りをし、異論もありましたが、公共図書館はもう少し積極的な活動をしても

いいんじゃないかと思いました。

例えば、海外の公共図書館を見てみると、日本の図書館よりももっと積極的なことをやっています。その1つが起業支援です。日本ではなかなか起業というのは一般的ではないため、日本にすぐに導入するというわけにいかないですが、アメリカでは起業支援をしています。

それから、これもアメリカに端を発した、滋賀県のどこかの公共図書館であったかと思うのですが、死にたくなったら図書館に行こう、という有名なフレーズがありました。心が折れそうになったり、くじけそうになったときに図書館で勇気をもらうというか、そういうことだってあり得るでしょう。

それから、生活者がいろいろな局面で図書館を頼りにすることもあります。例えば、ヨーロッパでは、子どもの歯磨き指導とか、赤ちゃんが生まれるお父さん、お母さん方のマタニティ教育、そういうものを図書館を通じてやっているケースもあるわけです。

そういう住民のニーズにもっと図書館が応えてはどうでしょうか。図書館にたくさん資料とか本があるわけだから、そういうものを1つの媒介にして、図書館という空間でそういう役割を果たしたらどうでしょうか。

アメリカの西海岸のある都市では、移民の皆さんに地域の生活に馴染んでもらうためのサポートに取組んでいま

した。例えば英語を学ぶとか。それから、生活する場面で必要な知識、ごみ捨てだとか、役所の利用の仕方とか、そういうものを図書館という場で移民の皆さんに理解を深めてもらう。さらには、移民の多いところは母国の新聞、書物をある程度用意しておくのです。

ドイツにはトルコから来た人が多いのですが、トルコ語の新聞や雑誌を置いている図書館が少なくないそうです。移民の皆さんに自分の出身の国のいい文化とか、そういうものを失わないで、でもよきドイツ国民になってくださいという基本的な理念、それを図書館が実践しているというわけです。日本でもそれを真似るわけではないけれども、いろいろな図書館の役割というのが考えられるのではないでしょうか。単に本を読んだり、借りたり、貸したりするだけではなくて、社会活動があるのではないかという話も意見交換の中で提案しました。

そうしたら、やっぱり司書の中には起業支援を自分もやってみたいと思っていたとかいう人がいましたね。

それから、鳥取県は高齢県ですから、健康不安の人が多く、それだったらコーナーを設けて、健康についてと、さらには不治の病になってもう元に戻らない、そういう人の心の平安をどうやって保つかというのを図書館で提供することにしました。

例えば、生還した人の手記はありますけど、そうでない人がどうやって心のバランスを取り戻していったのか、小説も含めて、そういうものもありますよね。「だったら、それも置いておいて、ニーズに応じて提供することが、鳥取県のような高齢県の地域では有意義なのではないか。やってみよう」と言う司書もいて、そうするともうトントントンと話が進むわけです。

——実際にそのコーナーを拝見して、世の中にはこんなに多くの手記があったのかと驚かされるくらい豊富にそろっていました。健康長寿の本から具体的な各疾病の本までカテゴリー別に置いてあったので、その特色に私も感銘を受けた覚えがあります。

片山：それに加えて死生観とか、宗教など思想に関するものも取りそろえて多様なニーズに応えていくというのは司書さんが考えたんですね。

——おそらく、片山先生が知事をされていた、まさに図書館に目を向けたその時代というのは、まだ全国の首長は図書館にはそこまで関心はなかったですよね。

片山：箱物を造る関心は。

——そういう素晴らしい理念とか、考え方をしっかりと残されたので、先生が知事をお辞めになり、知事が代わってもそういう取組というのは今もずっと続いているんだと思います。今、全国の多くの首長が図書館に注目して、単なる箱物だけではなく人びとの交流拠点をつくろうという取組が徐々に広がってきているので、そういう意味で

は鳥取県は1つの先進県として図書館関係者の中で今も語り継がれているという面がございますね。

片山：それでも鳥取県も図書館に対する理解度というのは必ずしも高くなく、むしろ総じて低かったんです。県庁職員や議会でも図書館というのは暇な人がぶらっと行くところだろうと、本ぐらい自分で買えばいいじゃないかという、そういう考えの人が結構多かったです。

だから、教育委員会の予算、図書館の経費の査定をする財政課が資料購入費をもっと減らせるんじゃないかとか。

実は、私、鳥取県で知事をやりましたけど、もともと自治省というところにいて、20代の頃、鳥取県庁に出向したんです。そのときに地方課長と財政課長で予算に携わりました。それから、また自治省に戻って、今度は総務部長としてもう一回県庁で予算と人事に関わりました。それでまた自治省に帰って、もうこれで鳥取県とも縁がないなと思ったら、知事選挙に出たんですけど。

実は財政課長の頃から図書館に関わっていまして、その頃、県立図書館という小さい古い図書館があったんです。これじゃあ駄目だろうというので、県庁の前にあった鳥取大学の付属小中学校を郊外に移転させてそこに広い土地が出てくるので、ここを何に使うかという話になったときに、図書館にし

ようと、そういうところから議論に加わっていました。

それで、にわかに思いついて建てるのではなくて、図書館というのはしっかりしたものを造らないといけないからよく研究してということにして、私は東京に戻るんですけど、その際に箱物を造って、さあというときに、それから本を買うのでは遅いので、本だけは今から買っておいたらどうかと、当時、財政課長の権限で1億円近い予算をつけました。それがずっと守られたんです。

総務部長でもう一回鳥取県に行ってみたら、建物はほぼできてきている状態で、その間もずっと本を買い続けてくれていたので、オープンしたときはもう立派な図書館になっていました。

当時の知事も、それから県の幹部も財政課も、予算をつけて本を買い続けるということをちゃんと守ってくれていたというのがとてもありがたかったです。

——行政は担当者が代わると体制が変わってしまうこともありますよね。

片山：あるんですけど、行政というのはやはり保守的ですから一旦決まった制度をずっと続けるという面もあります。

それはそれでよかったんですけど、私が知事になったときに、やはり図書館に対するリテラシーは低かったです。それで県庁の人をユーザーにしようと思ったんです。県庁職員がほとん

ど利用してないですから。

あるとき、県庁職員が予算のときに「今度これを考えています」と新しい施策を持ってきたんです。これはどうやって考えたのと聞くと、どうやら資料やデータは、すべて国からもらっているわけです。地域の問題を解決するのに、霞が関の人のデータや資料を参考にするのはいいけれど、依存するというのはおかしくないかと思い、職員に伝えると、「でも、調べようがありませんから」と言われてしまいました。そんなときに、図書館に行ったら調べられるよということを話しました。

それでも「県庁から近いですけど、ちょっと勤務時間中に行くというのが……」と言うので、よし、それじゃあ県庁の中に図書室を作ろう、ということで、庁内図書室を作りました。

それは小さな部屋でしたが、県立図書館の優秀な司書さんを配属して、それで県庁の職員に、知事も含めてみんな利用しようねということにしたんです。

その際に、館長が「うちの司書は優秀ですけど、行政のことはさっぱり分かりませんので、庁内図書室でどういうレファレンスをしたらいいか、少しトレーニングさせてもらえませんか」というので、数か月前から県庁に来てもらって、幹部会や重要な会議にも全部同席してもらったりして、庁内の行政の動きを一応掌握してもらい、それから本格的な司書業務に従事してもら

いました。それがすごく力を発揮しました。

——仕組みづくりはもちろん大切ですが、そういう人を育てるということはとても大切なんですね。

片山：その人が後に館長になった網浜さんという女性の司書さんでした。

——鳥取県の図書館は今も地域の町の拠点として、利用率も高いと聞いております。

これからの大学図書館に期待すること

——ここで少し、本学の大学図書館に目を向けますと、ようやくコロナも収束しつつあるので、2023年5月8日から地域は限定的にはなりますが、一般の方たち、あるいは中高生への利用開放を始め、今後徐々に拡大していく予定です。本学は以前から、地域のサードプレイスとして、家庭でもない職場でもない、第三の場所として図書館を使っていただくという取組を行ってきましたが、新しい図書館でもその取組を再開しました。

本学の大学図書館に期待することや、こうあってほしいということがあれば率直にお聞かせいただけますか。

片山：私が知事をやっていましたときに、県立図書館の役割は何だろうか、それをみんなで考えました。それは県民のための図書館ということになるんですけど、利用できる県民は限られる

わけです。県立図書館は、鳥取県の中の鳥取市にあり、鳥取市は鳥取県の東に位置するため、多分西のほうの人の中には一生に一回も来たことがないという人もいるかもしれません。

　それでは県民の図書館とは言えないので、県の中の図書館の図書館にしようと考えました。それはすなわち県立図書館と市町村立の公共図書館とのネットワークの中で、住民の皆さんが自身の近隣の公共図書館を訪れ、この本を借りたいといったときに、その図書館になくても、それが県立図書館にあれば、そこから送ってあげるという、今はかなりのところがやっていると思いますけれども、それを始めました。

　それから、学校図書館と公共図書館との連携もやりましょうということで、県立高校と県立図書館の司書の人事を一体化しました。学校図書館と公共図書館、そのネットワークの中心が県立図書館となるわけです。

　そこで、あらためて鳥取県を眺めてみると県内には大学が幾つかあって、大学の図書館は公共図書館とは違った本のラインナップになっています。どれだけ県民の皆さんが利用する、ニーズがあるか分からないけれど、これはやはりネットワークの中に入ってもらおうではないかということで、県立図書館が中心になって、県内の幾つかの大学とか研究機関と相談して、このネットワークに入ってもらいました。

　鳥取大学をはじめとする数々の大学の図書館にもネットワークに入ってもらって、県民の皆さんの利用に供するということをやりました。県庁職員は結構利用していました。土木部には、土木工学や農業系の技術者が結構多いものですから。また、県庁職員は鳥取大学の出身者も多いです。母校ということもあり、よく利用していましたね。

——鳥取県立図書館の地下には県内の高校、小・中学校に書籍を配送できるシステムがあり、コンテナいっぱいの書籍は発注すればその日の午後には届く仕組みになっています。県立の図書館と市町村という連携はなかなかネットワークがつくりにくいところもありますが、そんな行政の壁を乗り越えているところに、非常に私は驚きました。

　本学の図書館も豊島区と連携した取組を行っていますが、今後、地域の公共図書館とか、あるいは一部にはなりますが小・中学生・高校生が利活用できるものも本学図書館にはあるので、こういうものをネットワーク化して、使ってもらうような方向性もあっていいと思います。

　住民の方で言えば、多様な方がいますが、やはり、なかなか本が買えなかったり、あるいは身近では専門書が読めなかったりということもありますので、大学図書館が持っている役割というのは、地域の中でも結構出てくると思います。

　本学の周辺地域も含めて、高齢化と少子化が進んでいる中で、図書館に限

らず、さまざまな教育資源がネット
ワーク化されていくということについ
て、御意見があればお願いします。

片山：これはもう限られた資源ですか
ら、財政的にも非常に限られてきてい
て、資料購入費、蔵書購入費もなかな
か思うに任せない図書館が多いです。
そういう中でやはりネットワーク化し
て、連携しながら共同利用できるとい
う、そういう仕組みは図書館に限らず
必要だろうと思います。

　高齢化にともなって、図書館を利用
する人が増えることは喜ばしいことだ
と思います。その際に大抵は公共図書
館で用は足りると思いますけど、やは
り公共図書館にない本で、大学にはあ
るという、本学だったら仏教系の蔵書
なんか大したもんですよね。だからこ
ういうものを利用したいという人の
ニーズに応えるというのはとても私は
貴重だと思います。

　あと鳥取県で大学との関連でいう
と、起業支援というのをやっていまし
た。鳥取県で起業する人は少なく、大
抵の人は会社勤めです。そんな人びと
が自分の仕事を高め、自分の会社、組
織の生産性を高める際に、専門書を利
用するというケースは想定されるわけ
です。特殊な物質の製造過程とか科学
の詳しい専門書などは公共図書館には
必ずしも用意されていません。そうい
うものが鳥取大学の図書館にはあるこ
とが多いので、それを利用できないか
という、そういうニーズはあるよねと

いう、そんな議論をしました。

──そうしますと、本学の図書館は、
仏教系や文化系の蔵書が多いのです
が、そのような特色や、あるいは利用
者、地域のニーズをうまく探りながら
特色を図っていくということも大切に
なりますね。

片山：そう思いますね。

　本学では仏教系のカリキュラムで生
涯学習のプログラムが用意されていま
すよね。ああいうものと連携させなが
ら大学図書館の資源というものをある
程度パブリックに活用するというのは
あり得るのだと思います。

　大学の図書館を何らかの形で開放す
るというのを鳥取県でやったときに、
やはり参加者の反応としては、大学に
対して非常に親近感を持つようになり
ました。今まで非常に縁遠かった大学
が非常に身近になって、地域で応援す
るというか、精神的な応援にとどまる
にしても、そういう人が増えるという
のはやはりいいことだなと思いまし
た。

──遠い道のりかもしれませんが、直
接的ではないにしても、そういう人び
との幸福な気持ちにつながっていくよ
うなものが、地域とつながることに
よって生まれてくると理解してよろし
いでしょうか。

片山：当時、ちょうど私が知事のとき
に国立大学法人になりましたが、ずっ
と大学の評議会のメンバーだったんで
す。毎回、会議に出席し、議論に加わっ

ていたんですけど、そのたびに、大学からもっと県民向けに発信してくれないかと言ってきました。鳥取大学には図書館の本はもちろん、施設、人材、知的財産にしても、いろいろと貴重なものがたくさんあるわけです。

それを時宜にかなったトピカルなこととか、今日の鳥取県の置かれた情勢にふさわしいような話題として提供してくれないかと。それが県民の皆さんの知的好奇心をさらに引き起こしていい方向に進むのではないかということをよく言ったことがありました。

例えば、二十世紀梨が鳥取県の特産品になっていますけれども、あれは明治になってから導入しました。その中心になったのが鳥取大学の農学部でした。それに関する資料などがたくさんあります。今、これだけ梨で経済の一端を支えてもらっているから、その梨について栽培農家はもちろんだけど、農協や、流通業者とか関係者がもうちょっと二十世紀梨の鳥取県での歴史とか、そういうことを知ってもいいのではないかというようなことで、いろいろな公開講座を開いてもらったりしたことがありました。

——地域のよさに気づいて地域を活性化していくという1つのきっかけになりますね。

全方位戦略でさまざまなニーズに応えていく

——今も社会がいろいろな課題を抱えていますが、図書館の方向性について、国立大学図書館協会や、国の高等教育の方向性でも示されていますが、今後デジタル化は避けられない状況になりつつあります。ただ、DX化やデジタル化がどんどん進むと、なかにはそこについていけないような方たちも出てきてしまいます。電子書籍しかない図書館もありますが、先生がおっしゃったようなデジタルでは残せない本当に貴重な紙の資料も図書館にはあります。紙も大切にしつつ、一方でデジタル化も進めながら、情報を必要とする人をけっして誰一人取り残さないということが大切だと思います。とはいえ、デジタル化は避けられない社会の現状について、先生はどのようにお考えですか。

片山：図書館というのは全方位戦略でないといけないと思います。世の中が電子化しているからということで、わーっと電子化して、それで紙媒体を捨てるわけじゃないでしょうけど、片隅に追いやってユーザーも含めて肩身の狭い思いをさせるようなことは絶対にやめるべきだと思います。紙媒体のユーザーも堂々と利用できる、そういう体制にするべきです。

ただそうは言っても、デジタルのほ

うに目を向けないというのもこれは困りますから、全方位だと思います。

——今の学生は雑誌も読まない世代なので、うちの大学でもサブスクリプションの電子書籍を導入して、若者のニーズにも応えながら、一方でまたいろいろな方たちの紙のニーズにもしっかりと応えていきたいと思っています。

片山：学生のことで言いますと、今おっしゃったことでいいと思うんですけど、学生にもっと本を読むような動機づけをする必要がありますし、その際に図書館ということを視点におくと、図書館リテラシーというか図書館を利用する術をあまり学んできていないような気がします。

大学にずっと長いこといて、この間学生を見てきましたけど、図書館を利用しようという気があまりないのです。

それで図書館を利用しようねということで慶應大学に勤めていたとき、学生を大学の図書館に連れていって、ゼミで利用の仕方から教えたことがあります。そうしましたら、「先生、便利ですね」とか、「いろいろなものがありますね」といって、新鮮な驚きを口にしていました。これは中学生か高校生でやっておかなきゃいけないことだろうとこちらが驚かされましたが、これまでやってきていないのです。

だから、学生は図書館を利用する、もちろん本は買ってもらったらいいで
すけど、学生の中には今は経済的に苦しい人も多いですから、図書館を大いに利用したらいいと思います。

図書館の利用の仕方とか図書館を利用するとこんないいことがあるよというのを大学全体として教えるという、そういうプログラムがあったらいいなという気がします。

もう一つは、これは図書館だけではなくて、私たちも含めた教員の役割だと思いますが、そうは言っても学生よりは読書経験を積んでいるじゃないですか。そうするといろいろな本についての知識は学生よりは数段上だと思います。学生が興味を持つような話題を授業のときなど、そのつど提供し、学生が食いついてくるような、そういうことをやるべきだと思います。私は慶應大学で教えていたときに、授業やゼミではそこを心がけていました。早稲田大学で教えていたときは大学院生相手でしたので、放っておいても院生は本を読んでいました。院生は本当に勉強意欲旺盛な人しか来ていませんから。学部生は必ずしもそうでもないので、動機づけをやりました。そうすると結構触発されて本を読み、「先生、本は面白いですね」などと言われました。高校生ならまだしも大学生が言うことかなと思い、少し複雑な気持ちでしたが。

——先生が教鞭を執られた大学に、私も非常勤で勤めておりますが、確かにおっしゃるとおり、我々が想像する以

上に、あまり図書館を使ったことがない学生は少なくなく、大学による差はあまりないというのは感じました。

片山：大学で図書館を利用しているのはもっぱら院生です。

──そうですね。

片山：院生はよく利用していました。学部生があまり利用しないです。図書館を利用しなさいよということと同時に、こんな面白い本があるよという、そこからやらなければいけないなと思っています。中学校の先生のような役割です。

これは学生ではないですが、若い人と話をしたときのことです。先日、川崎でもありましたが、最近の闇バイトサイトってあるじゃないですか。あんなものに引っかかるなよというような話を冗談半分でするわけです。すると相手から「あれはやはりIT社会の申し子みたいな犯罪ですよね」「昔はありませんでしたよね」というような話が出たので、私はそのとき、そうではないよと。平安時代にもあって、『今昔物語』を読んでごらんと。

女盗賊の話が出てきて、もちろん現代のようにITで仲間を募るわけではないですけど、要するに数十人の盗賊団が形成されるんです。けれども、互いに誰が誰やらさっぱり分からない。頭目も誰か分からない。そういう集団が金持ちの土蔵に強盗に入るんです。秩序正しく、一気呵成に事を成し遂げて、それで裏山の墓地に行って、その場で山分けするんです。それで解散。これが平安時代にあるんです。『今昔物語』に書かれています。

IT社会に特有というのは、人を集めるときにインターネットを介してということでしょうけど、一味が全然お互いのことを分からないようなやり方で一気呵成に事を成し遂げるということは平安時代でもあったんだよ、うそだと思うなら『今昔物語』を読んでごらんという話をすると、本当に若い人も読むんですよ。

こういうご時世でそういうことに非常に関心が深いじゃないですか。だから、我々と言うと変ですけど、大人が若い人よりは読書経験を積んでいますから、その中から情報を提供して、動機づけをするということが大切なのかと、特に大学の教員はそうではないかと思います。

──本学の図書館でも、放課後に独自のいろいろなテーマで講座をずっと実施してきたのですが、おっしゃるようにいろいろな手を尽くして、学生に働きかけていくというのは非常に重要だと思います。

片山：先ほどの話の続きにはなりますが、そこからやはり一旦面白いですねと読み始めた人に、もちろん現代語訳でいいから続きも読んでごらんと言ってみると本当に面白いとさらに読み進めるんですよね。

そういうときに、芥川龍之介の『偸盗』は『今昔物語』にヒントを得て書

いたものだから、『偸盗』なんかも読んでごらんと言うと、「そう言えば中学校のときに『トロッコ』読みました」というような話になるんです。そこからまたさまざまな本の話が展開していくわけです。

　今のように、本を読め、本を読めというだけではなくて、何か引っかかるというと変ですけど、身を乗り出すような情報提供で、動機づけすることが社会全体として必要なのではないかという気がします。

——学生の読書推進に関して重要なご示唆をいただいたと思います。

　そろそろお時間になりましたので、最後にひと言ございましたらお願いします。

片山：大学の図書館はあまり詳しく存じませんが、公共図書館とか、学校図書館とかを扱ってきた者の経験から言うと、どこの大学というわけではないですが、大学図書館の大学における位置づけというのが、できれば高くあってほしいです。そうすると予算とか人員とかそういうものもつきやすくなる、そんなことを願っています。

——どうもありがとうございました。

片山 善博（かたやま・よしひろ）
1951 年岡山市生まれ。74 年東京大学法学部卒業、自治省に入省。能代税務署長、自治大臣秘書官、自治省国際交流企画官、鳥取県総務部長、自治省固定資産税課長などを経て、99 年鳥取県知事（2 期）。07 年 4 月慶應義塾大学教授。10 年 9 月から 11 年 9 月まで総務大臣。同月慶應義塾大学に復職。17 年 4 月早稲田大学公共経営大学院教授。

髙橋 秀裕（たかはし・しゅうゆう）

大正大学の新しい図書館構想に寄せた想い

——本学の新しい図書館がオープンして、もう３年が過ぎたわけですけれども、図書館を建築する前に検討会議のメンバーとしていろいろと構想を練られたり、想いをお持ちになられたりしたと思いますが、この点についてお聞かせください。

髙橋：私がこの図書館構想の話を聞いて、それで内容をどうしようかというような話を耳にしたときにはもう既に、図書館としての８号館の設計図がかなりできていた段階でした。私は建物のデザインなんていうようなところに関われる力はないので、いわゆるハード的な面で中をどんなふうにしたらいいかというところから少しでも関われるかなというふうに思っていました。そのときに一応図書館長だったものですからね。しかし、建物、中の間取り等もほぼ整いつつあったため、今後どうしたらいいかという、つまり利活用についてどうしたらいいかというような話になりました。

早速、新８号館の利活用検討委員会というのができまして、その委員会の座長をやってくれと言われたのが2018年だったと思います。若い先生や職員、当時の図書館の職員も入ってくれて、いろんな話合いを何回かやりました。

そういう中で、最近新築している、新しい大学図書館、そういう大学の情報を少し集めようということで、注目されているような図書館の情報を集めました。それを持ち寄って、こんな大学図書館がどうだろうかというふうなことを、いろいろとざっくばらんに話すことができました。それが結果的に幾つか実現できているかなというふうな気もしつつ、なかなかそのとおりにはいかなかったかなとも思う部分もありまして。それはハード的な面で、もう既に固まっていた制約から、それはちょっと無理だろうというようなところもございました。それでも、その後の整備によってほとんどの思いが実っているなというふうな気がしております。

ただ、満足度はどうかといいますと、「とっても満足」ということは、実は言えないところもありました。未来も含めてこれから実るであろうというような形で、「やや満足」というところで、出来上がったのかなという気がしております。

今後、利活用の点で、ハード的に制約がある部分はソフト面でカバーがで

きるような、そんなところを期待したいなというふうに思っております。

　一旦そこでちょっと区切って、次は具体的にどんな構想があったかというようなところを。

——そうですね。

髙橋：思い出せる範囲ということですが。

——そうですね、思い出せる範囲でお聞かせいただければと思います。

髙橋：今の本学の図書館はあのとき議論になっていたことがほぼ実現しているかなと思います。図書館というものは、もう1階から全てのフロアがシーンと静まり返っていて、話し声も一切してはいけない、そんなイメージが出来上がっていると思うんです。そこで、新しい図書館はいろんな会話を楽しみながら学習ができるスペースと静かに学習ができるようなスペース、またそれ以上に研究を目指している、そういう学生にも個室などが用意されていて、自らの学び、あるいは研究をする場所として提供ができるスペースというように利用目的をしっかりと区別しながら空間を用意していきたい。そんな意見は結構皆さんから出ていました。それはもう、竣工してから稲井図書館長を中心に、いろんな機能を分化させながらやってくれていますので、ほぼ思ったような形でできているのかなという思いがしているわけです。

　一時、館内に電源供給の場所というのがハード的になかったりなんかし

て、PCが持ち込めないというふうな話が随分出ていたんですけれども、見るところ、それも稲井館長を中心に図書館の人、スタッフの人たちが工夫を重ねてクリアしてくれているということもありました。それらの懸念は今では払拭されたんじゃないかなというように思っております。

　それから、全体的には教員、職員そして学生が、うちの大学の図書館はこんなすばらしいんだぞと、内外ともに自慢できるような施設であるというのが目指すべき図書館の一つだろうなと、そんな議論もありました。私がそれを言ったんですけれども。うちの図書館はすごいからおいでよというふうな形で、そのくらいに言える、そういう施設というんですかね。見る図書館、見られる空間、そして図書館利用される空間、いろんな人たちの注目の的になるような、そういう図書館ができたらいいねというような話が出ていたのを、ちょっと印象深く覚えております。

　あともう一つ最後に、重複しますけれども、やっぱりくつろげる場所というんですかね。図書館というと、もう本当に集中して勉強しますから、疲れるところ、頑張らなくちゃいけないというような、そういう空間の要素もありますけれども、一方で図書館が少しくつろげるような空間になったら、これはまたこれですばらしいんじゃないかなと。1階に少しそういうくつろげる空間をつくることができましたの

で、これも議論の中で挙がっていたことがある程度実現しているかなと、そんな思いがしております。

学長としての教育の充実や「学び」を考える

——先生が図書館長時代にまとめられた構想を拝見していたので、私が図書館長に就任してからは、できるだけ先生の思いを具体化していくということも考えました。例えば、一部設計変更のお願いもするなどして、先生の思いを取り入れるような形で実現できたというようには思っております。

先生がおっしゃるように、象牙の塔ではないですけれども、本学の図書館が従来のように黙々と学習や研究に取組むような場所から、「とりあえず空き時間や放課後には行ってみよう」と、そういう学生が集まってくるような場所になりつつあると考えています。

もちろん研究は重要なのですが、やはり今の大学は研究だけでなく、学生の教育というところも非常に重視されてきており、新しい図書館も研究だけでなく教育という部分をより前面に出して充実させていけるような施設として、いろいろと工夫をしているところです。

先生は図書館に限らず、学長として、教育の充実、質保証に対する思いがあると思いますが、いかがでしょうか。
髙橋：そうですね。少し大きな話になりますが、「学ぶ」というのは一体何なんだ、どういうことなんだろうかというところですよね。学びということに対して随分苦痛を感じている学生も結構多いと思うんですね。学びというものを楽しさの対極に置いて、楽しくないもの＝学びとでもいうような。勉強というのが「勉めて強いる」というので、よく例として挙がりますけれども、強いられるわけだからというような解釈で勉強、学びとはつらいものだという。

でも学生に聞いてみますと、実はそういうのは何となく世間で言われているというのを聞いてイメージをつくっているだけであって、学生は一人一人がやっぱり知りたいという気持ちを持っていて、何かこう通常と違うようなことを目の前で経験したり、違った知識が入ってきたりすると、つまり、今まで自分が持っていた常識や直観に反する知識が入ってきたときに、非常に目をきらきらさせたりするのです。これが好奇心の源だと思っているんですけれども、そういうところが多分学びの基本だと思います。学びというのは決してつらいとか、すごく苦痛を伴うとか、そういうものが先にあるのではなくて、非常に人の自然な好奇心の源になっていると思いますので、極論を言ってしまえば人は誰でも学びたいという気持ちを持っているんだろうと、私は基本的にそう思っているんですね。

そのときに、では、大学で学ぶというのはどういうことかというと、これは私だけが言っているわけではないのですけれども、「学ぶとは知識を捨て去ることである」とよく言います。これは、古くは古代ギリシャの数学の証明という手続きを初めてやったと言われているタレス、ギリシャ流ではタレースといいますけれども、その人が話したとされます。じかに話したことが記録で残っているわけではないのですが、私もその言葉をもう数十年前に耳にしたときに、直感的に、捨てるほど知識をまだ身につけていないよというふうに、そのときは思いました。そんな捨てられるほど知識を身につけていないよと、そのとき素直に思いました。その話を学生にすると、やはり学生の何人かが「先生、私やっぱり捨て去るほどの、そんな知識ありません。だからこそ知識を身につけようと思って大学に来たんです」と、こういうふうに言うわけです。タレスの意見というのはすぐには理解できない、そういう反応をする学生が少なからずおりました。

ところが知識というのを、さらに吟味してみれば、私たちは本当に自分で納得して、あるいは確かめて、自分の知識としてそれを身につけているのかどうかと。多くが入ってきた情報をそのままうのみにして、そのまま頭に入れ、そして特に吟味もなく、それが自分の知識だと思っているのです。これ

本当の知識だというふうに言えるんだろうかということなんですね。いろんな吟味されない、うのみにした知識というものがどんどん入り込んできていますから、またそれが大部分を占めることによって判断を間違えたり、冷静な判断ができなかったり、あるいは、それがトラブルに発展してしまったりというようなことがいっぱいあるわけです。そういうものをうのみにしないでしっかりと吟味をすることを、大学では「批判的な思考」と呼んでいるわけですね。そういうしっかり吟味をした上での知識ということになりますと、ほとんどが捨てなければならないような、いかにそういう知識を身につけてしまっているかということに気づくはずなんですね。

全然知識がないという人でも、間違えた、あるいは誤解していた、しかも全然吟味していない、そういう知識をいかに自分が持ってしまっているかということに気がつく。そういうのを捨てて本質につながるような、生きた知識というものをしっかりと残していくというようなところが、逆から見れば捨て去るという操作になるというわけです。

図書館というのも、いろんな本を参照しながらいろんな知識を学ぶ、知識を身につけるんだというような思いで図書館に行くわけですけれども、しかしそれは結局、これが使える、これは使えない、何が使えるのかというふう

な吟味をするという点でのブラウジングという作業も入ってくるわけですから、図書館というところはまさに知識だけを身につけるのではなくて、入れるところと捨てるところというのをしっかりと意識しながら活用することが重要であり、それが学びということだろうというふうに思っています。

ですので、どんな学びにおいても常にクリティカル・シンキングというものを行なうという、そういう作業を必ず学生には身につけてほしい、そういう状態が望ましいだろうというふうに思っています。それは本学で今掲げています「知識×実践」ということからも、自分の目で確かめたり、自分の肌で感じたり、あるいは人と対話をしたりすることで、うのみにしないでしっかりと吟味をしていくという作業が大事になってきます。

——アントレプレナーシップでしょうか。

髙橋：そう、アントレプレナーシップですね。効率化ばかりを考えないで、アントレプレナーシップのような、粘り強く取組むことが重要です。知識を吟味するって、すごく効率が悪いときがあるわけですね。そんなの、こういう知識あるんだからそのまま使えばいいじゃないかと言うんですけれども。それはやっぱりしっかりと確信を持てなくちゃ駄目だというようなことで吟味をしようとすると、効率的な学びということからして非常に非効率的かもしれないですが、それは回り回って、巡り巡って結果的には生

きた知識になっていくわけですから、諦めないで粘り強くやっていくという、そういう精神が必要になってくる。

それは、アントレプレナーシップを単に起業家精神という狭い意味ではなくて、常に諦めず、粘り強く挑戦していく、そういう精神が学びの根底において非常に必要なのではないかなと思っているわけですね。

大学図書館から考える地域社会との連携

——少し言葉を置き換えると、小・中・高の学びが随分変わってきて、学習指導要領も大きく改訂されました。特に高校は、これまではどちらかというと知識を断片的に教えていたので、学ぶ意味を生徒たちが実感しにくかったと思います。

今の学習論というのは知識を自分の認識でつなげたり関連づけたりして自分の中に落とし込んでいくという、学習者主体の考え方なので、それが大学の教育とも、今先生がおっしゃったような、本学が進めているような教育ともつながってきますし、自分で考えて知識を生きたものにしていく学生が育てば、社会に堂々と送り出せます。

図書館というのは、これまで知識を集めていた場所でしたが、それを活用していくという意味で、本学の

図書館の場合は、高校ともつなぎ、さらに社会ともつないでいく、そういうトランジションの場ではないかと考えています。もちろんカリキュラムともつながっていくわけですけれども、そういう意味で教育が図書館の役割の一つとして大きい面があると思っています。

今、教育を巡るパラダイムも随分大きくシフト・チェンジされました。先生のお話からそんなふうに考えます。

本学の図書館では具体的には、例えば、学士課程一貫の4年間の教育の中で、専門の学びはもちろん大切ですが、幅広い教養という意味で、データサイエンスや、先生のご担当科目のような学融合のものも大切です。

髙橋：Ⅰ類（共通・教養科目）のですか。

──Ⅰ類ですね。

髙橋：「数学と心・仏教」ですね。

──そうですよね。そういう教養的な、あるいは知識を縦断するような横断的な科目も大切ですよね。実際、先生も授業を担当されていて、専門、あるいは専門ではない学びのそれぞれについての思いを語っていただければと思います。

髙橋：先ほどの話でも文部科学省的には今、学修者本位の教育ということが重要とされています。今までですと教員側のほうがこういう授業をしてあげようと、これを学生に教えることによって、学生がそれを身につけ、成長していく。それを大学の目指す人材像

というところに結びつけようという、教員側のほうの視線で教育がなされていたということです。そうではなくて、学修者が自ら自分の学びというものを設計していけるような、大学がそういう場になれば、学生が主役になっていく。そしてそのための道具として、一つのツールとして、あるいはそれもソフトとハード両方あると思うんですけれども、図書館の役割というのが非常に重要になってくるだろうと、私はそう思っているわけなんです。

それが、どうしても大学は教育機関ですので、学修した内容というものに自らが気づかないといけないのです。何を学んだかよく分からないというまで卒業していくのではなくて、自分の学んだ成果というものがどう出せたのか自己点検、自己評価ができるというところまで、今は文部科学省のほうからも言われているわけです。

ですので、学修成果の可視化とか、あるいは教員側が果たしてどんな成果を出せたのかという教育成果の可視化であるとか、そういうふうなことが言われているわけです。どうしても管理職の立場からすると、そういう学修者本位の教育であるとか学修成果の可視化だというふうな言葉を使って説明したくなるんですけれども、そうではなく、やはり人が本能的に、基本的に何か学びたいという思いから実は全てのものがスタートしていて、それを大切にすることが重要になってくるという

ことが言いたかったわけなんですね。

その上で、研究者とか教育者といった大学の先生方も今、お忙しい中で、教育の重要性というものが増しているので、学生の一人一人をしっかり見て教育をしていただいているということで、非常にありがたく思っております。先生方にとってやっぱりそれぞれの分野で研究がしっかりできているということが、いろんな学生の学びを支援できる、そういう素地がそこで生まれてくるんだろうと思います。

もし先生方の研究がなかなか思うようにいかない、あるいは、もう忙しくてできないというふうな状況になってしまったら、教育と研究というのは分けられるものじゃなくて、実は二つにして一つなんだ、そう思っていただきたいです。教育で忙しいから研究ができない、それは私にとっては変な話だなと思っているわけですね。教育と研究というのは一体のものなのであって、やはり教員も知りたくて、あるいは調べたくて研究者になっているわけですから、それはもう自然と忙しかろうが、どんな状況であろうが、研究と言われる活動は必ずしたくなるはずです。そうしないと教員のバランス、自己のバランスというのが保てないのではないでしょうか。どれだけ研究に時間をかけるか、長短はそれぞれ個人差があると思いますが、常にそういう状態が意識できていないと教員としてのバランスも保てないわけなので、常に

教育と研究というのは一体となって、教員はそれを遂行していくという状態が望ましく、学生はそういう教員たちに囲まれながら、自らの学びを設計していくというような、そういう環境が非常に理想的かなというふうに思っています。

そのときに、図書館をどう活用していくのかというところが、図書館の役割を考える原点になってくるんだろうと思います。

今の質問から離れて、今後の図書館の将来像のほうに少し話が移ってしまうかもしれないんですけれども、図書館というのは、静かな空間というふうな従来のイメージから、今は変わってきて、本学の図書館も従来のイメージを変えるような、すばらしい図書館になっているなと冒頭で申し上げましたけれども、一方で、図書館に足を運ばなくても、図書館機能を手にできるというのも一つの理想形の中に入れていく必要があるんだろうなと。

これはちょっと話が散漫になってしまいますけれども、コロナ禍に入って、私たちがいかに対面授業を望んだか、教職員はもう本当にみな同じ思いでしたね。コロナ禍になって2020年をむかえ、学生が大学に来られない、キャンパスに入れないというような状況がずっと長く続きました。教職員同士も直接話をしたいのに、なかなかそれができませんでした。そのうちオンラインの方式が導入されて、オンラインで

授業を再開したため学びは継続できたわけですけれども、結局2年間ぐらいは学生が大学に来られないような状況が続きました。早く学生に戻ってほしい、もう対面で授業をやりたいと、そういう思いが非常に募って、それが幸運にも再現できて、昨年から対面授業が実施できたというようなことがあります。

それと同じように図書館も、「来てもらって何ぼ」というのがあって、学生やその他いろんな人たちに図書館に来てもらって初めて利活用されているというのが普通の考え方なので、それはそれで非常に大切なことだと思うんです。ですが、その一方で図書館に行かなくても図書館の大きな役割が果たせるような、そういう図書館って一体どんなものなんだろうかというようなことも、少し考える余地もあるのかなと思っていますね。

それは多分、時間と空間をそれぞれ超えていくという発想になってくると思うんですけれども。私なんかもこれから学長が終わって、大学の教員も定年になって自坊に戻ったりすると距離的な制約が出てきますので、大正大学の図書館にしょっちゅう来られるわけでもなくなりますよね。でも大正大学の図書館を利用したいと思ったときに、これは矛盾する場面に直面するわけです。そんなときに、離れていても大正大学図書館が利用できるような状況がいろいろあると思うんですね。今

でもそういう利用ができる部分もあるかもしれませんけれども、今後それがどんな形で、花開いたらいいのかというところです。

——実は今、構想し準備を進めていまして、近年、大学の図書館はもちろん、公共図書館や学校図書館でも、デジタルとアナログのベストミックスというのが議論の俎上にのっています。例えば、大学の図書館の場合には電子書籍の利活用です。あるいは最新の研究情報、いわゆる学術雑誌、オンラインジャーナルです。本学の図書館にも用意していますけれども、世界情勢の激変で大変高騰していますので、私大の図書館長会議の中で出ていた話などでは、オンラインジャーナルをネットワーク化して一緒に共同利用するような、いわゆるコンソーシアムを設けるという意見もあります。国の方もオープンサイエンスということで学術情報の発信とか共有というのを進めていますので、コンソーシアム化することで共同利用が進めば、先生のおっしゃるように本学の図書館に限らず、最新の情報などをオンラインを通して手に入れられます。

また、本学の図書館は地域公開、一般公開もしていますので、一般の図書も電子書籍を購入することで、読書のバリアフリーもかなえていけるのではないかと考えてます。公共図書館とは少し異なった目的で図書館に行きたくても行けない方の力になり、少しでも

社会に貢献できるのではないでしょうか。

　地域と連携していくという意味で非常に重要なのが、まさに図書館DXということになると考えております。

髙橋：そうですね、本当にそういうのはもう近い将来的に、自宅にいて、それこそバーチャルで大正大学のいろいろと開架されている図書館に入り込んでいって、自分で何か本を探すとか、そういうようなのもすばらしいだろうなと。今はちょっと夢のような気もしますけれども、でももう現実的な考えとして、いろんなことが考えられているんだと思いますけれどもね。

——同時に、日本は障がいのある方たちへの図書館利用という点では非常に遅れている部分がありますので、さまざまな工夫がされた図書を購入してコーナーを作ることも必要になってくると考えております。

今後の大学図書館に対する思い

——最後に、今後の大学図書館に対する思いをぜひお聞かせください。本学図書館の場合には、別館でアカデミック・コモンズ、つまり、旧図書館が研究に特化したということがありますので、図書館としては教育と研究と両方、もちろん管理部門の業務と同時に、充実させていくことが必要になってきます。

髙橋：今、図書館の中でのいろんな風景が目に浮かんだりするわけですけれども、もう既にやられていることかもしれませんが"図書館は出会いの場"そういう機能も果たしていけるのではないかなという気がしていますね。

　普通は、気の置けない仲のいい友達だとか学友が集まって少し一緒に勉強しようとかというのは今までもあると思うんですけれども、図書館に行って、そこで新たな出会い、いろんな出会いがあるというような。例えばイベントを企画して、そこに参加者を募集して、そこで人が集まって、図書館の中で何かいろいろやるとかです。そこで初めて出会ったり、知り合うというような、そういう動きが出てくると思いますけれども。

　それから、その後は同じような関心事を共有しながら、知り合いとして図書館を利用していく。そんなふうに人びとが図書館での出会いを通して変化していく風景が浮かんできます。既にやられているところもあると思うんですけれどもね。

——「学びのコミュニティ」のような図書館独自の講座には学部・学科を越えて、自身の興味・関心で集まってくる学生がいますけれども、今後は高校生・中学生の利用や地域の方の利用もありますので、学生だけではなくて、学生が市民の方とも一緒に学ぶことで刺激し合って、まさに自分の学習を設計・デザインしていくような場にして

いければいいと考えています。

髙橋：加えて、大正大学だけでなく、今、これからの大学は学生数が減っていく状況にありますので、学生に限らず、いろんな層の人たちが大学を利用できるような、そういう可能性も広がっていくわけです。その一環で図書館というのも同じようなことだと思います。

　そんなときに無視できないのが、大正大学でいうと4万人を超える同窓生の存在です。鴨台会というふうに言っていますけれども、全国に散らばっている鴨台会である同窓生がやはり図書館というものを利用できる、そういう可能性を広げていってほしいです。

　そうすると、やっぱり近くにいる同窓生はじかに来ることができる。けれども地方にいる同窓生はなかなか来ることができないというようなことからも、先ほどの話につながっていくわけですね。来たくても来られないという、あと同窓生ならではの何かこう、学び直しということですね。

──そうですね。

髙橋：やっぱり学部時代にはいろんな環境があり、また若いということもありますから、年齢的な制約もありますので、思ったように学べなかったという卒業生もいるかと思います。でも年齢とともに、あるいは環境のいろんな充実からもう一度学び直してみたいというリカレントであるとか、あるいはさらに学んでみたいという、そういう卒業生に学びを提供できるようなとこ

ろも、図書館のこの役割の中に入れていくといいんじゃないかなという気がしています。

──実際イベントをいくつか行なう中で、卒業生もいろいろと情報は知っていたけれども、ようやく新しい図書館を見に来ることができたという声も聞きます。卒業生は応援団でもありますので、そういう方たちとつながりながら、新たな出会いの場をつくっていけたらと考えております。

髙橋：最後に細かい話なんですけれども、ちょっと文献の出し入れのことで……今は開架がかなりありますので自ら調べて本を探して、それで手に入れますが、アカデミック・コモンズ（旧館）のほうはどうでしたか。

──そちらも閉館後も資料の出し入れができるような仕組みをつくりました。

髙橋：じかに学生も入ることができるようになっているんですかね。

──閉架式ですね。日中は学生も入れます。

髙橋：閉架式でも入れるんですね。

──夜間には入れませんが……

髙橋：時間の制約はありながらも、将来的にはどういう方向に行くんですかね、開架と閉架という問題というのは。やっぱり両方が存在する形で行くんですかね。

　要するに、もうそれこそ私の想像だと、一方的に閉架になって、本は本の置き場所というビルみたいなものがで

きちゃって、そこで本がいっぱいこう、Amazon じゃないですけれども、全部保管されていて。利用者は図書の番号を入れればロボットがばっと探してくれるような形になっていくのではないかと。

——そういうところもあります。

髙橋：ロボット化できるということですね。それを全部徹底してしまうと、今度は利用者が本を自分で探すという、そこで本との出会いという部分を奪ってしまうという、そういうことがありますよね。全部100％ロボット化してしまうと、それはそれでつまらないんじゃないかなという気もするわけです。やっぱりこれからの人件費的なところだとか、それから迅速さだとか、そういうのを含めると、一部ロボット化とかというのも方向性としてはあるのかなと。

——かなり古い本にはつけられませんが、IC チップの搭載された IC タグをつけることも構想しています。いろいろな管理の効率化が図れると思います。また、先ほどの閉架式のことですが、公共図書館は閉架式の書庫を持っている館も少なくないのですが、最近はオープンにして、書庫にも入れるというような公共図書館も増えています。より利用者本位＝利用者ファーストで考えていくことで、情報資源の活用の利便性が高まってくると思います。今後さらに利用者本位の図書館の仕組みを構想していきたい、具現化し

ていきたいと思っています。

髙橋：まとまらない話で。

——とても示唆に富んだお話をいただきありがとうございました。

髙橋 秀裕（たかはし・しゅうゆう）
大正大学心理社会学部教授・学長。博士（学術）。1954 年、埼玉県生まれ。東京大学大学院総合文化研究科博士課程修了。専門は数学史・科学史。西欧近代数学・自然学の成立史を哲学・思想史的に理解しようとしている。ニュートン研究がライフワーク。最近は、科学と宗教の歴史的関係にも関心を寄せている。

大正大学ってどんな大学？

　大正大学は、1926（大正15）年に旧制私立大学として旧専門学校令による天台宗大学（天台宗）・豊山大学（真言宗豊山派）・宗教大学（浄土宗）の学生を編入し、1学部5学科（文学部仏教学科／哲学科／宗教学科／史学科／文学科）・予科・研究科を有する日本唯一の複数宗派による仏教連合大学として開学した。初代学長には、文部次官や東北帝国大学及び京都帝国大学総長を歴任し、仏教にも造詣の深かった澤柳政太郎が就任している。1943（昭和18）年に智山専門学校（真言宗智山派）を併合、さらに2018（平成30）年には時宗が運営に加わり、5宗派による運営体制となった。

初代学長　澤柳政太郎

　1949（昭和24）年の新制大学への移行時には、仏教学科を学部として独立させて2学部5学科へと再編し、続いて1951（昭和26）年に大学院1研究科3専攻（文学研究科仏教学専攻、宗教学専攻、国文学専攻）を設置した。その後、1982（昭和57）年に文学部社会学科に属していた社会事業研究室（コース）を社会福祉学科へと昇格させたが、1991（平成3）年の大学設置基準改正（いわゆる大綱化）まで、創立以来の伝統的な領域である仏教学・哲学・史学・文学・社会学という学科構成は変更していない。

旧本館

しかし、18歳人口の減少期への突入に対する危機感から1993（平成5）年に全学的な改組を行い、その後も立て続けに学部学科の設置や収容定員変更を実施してきた。

　この結果、2023（令和5）年度の教育・研究組織は6学部10学科、3研究科8専攻、学部収容定員4,590名の中規模大学へと発展している。

建学の理念

　創立時に本学が掲げた建学の理念は、大乗仏教精神に基づく「智慧と慈悲の実践」である。仏教の世界では、「自らのためにだけでなく他人の利益になる」ことを大きな目標に掲げて修行する人を菩薩という。大正大学で学ぶすべての人が、その菩薩のように物事を正しく認識・判断し、実践、行動する人間となることを求めている。この建学の理念は、社会を形成する人間一人ひとりが本質的に備えるべき規範を表しており、創立から100年を迎えようとしている現代社会においても、十分な説得力を有しているものといえる。

教育ビジョン

　本学は創立以来、人間探究を基盤とした教育・研究活動の成果に基づき、これからの時代を生きるにあたって社会や組織、地域・コミュニティにおいて本来の人間の幸せ（福祉）を実現するために貢献する人材を育ててきた。

　2009（平成21）年3月の理事会で採択された「中期マスタープラン」では、新たに教育ビジョン「4つの人となる」を掲げ、「慈悲」「自灯明」「中道」「共生」を規範とすることを示した。これは、現代社会から高等教育機関としての大学への求めに対して、大正大学がどのように応えていくべきかという視点から、建学の理念を再定義する形で策定したものである。

〈教育ビジョン〉
　4つの人となる
　・慈　悲（生きとし生けるものに親愛のこころを持てる人となる）

・自灯明（真実を探究し、自らを頼りとして生きられる人となる）

・中　道（とらわれない心を育て、正しい生き方ができる人となる）

・共　生（共に生き、ともに目標達成の努力ができる人となる）

学部学科の編成

　前述の通り、大正大学は 1926（大正 15）年の創立以来、社会変動に対応するため、時代に応じて学部学科の設置や収容定員変更を実施してきており、2023（令和 5）年度の時点では、6 学部 10 学科と 3 研究科 8 専攻を擁している。また、2024（令和 6）年度には、各学部学科の養成する人材像や科目構成を整理し、全学共通教育と専門教育のより体系的な運用を可能とする枠組みを構築するため、表現学部へ新たにメディア表現学科を新設するなどして、6 学部 11 学科の編成へと移行する予定である。

〈学部学科の編成　2023（令和 5）年度〉

　　社会共生学部　　公共政策学科／社会福祉学科

　　地域創生学部　　地域創生学科

　　表現学部　　　　表現文化学科（情報文化デザインコース／クリエイティブライティングコース／街文化プランニングコース／放送・映像メディアコース／アート＆エンターテインメントワークコース）

　　心理社会学部　　人間科学科／臨床心理学科

　　文学部　　　　　日本文学科／人文学科（哲学・宗教文化コース／国際文化コース）／歴史学科（日本史コース／東洋史コース／文化財・考古学コース）

　　仏教学部　　　　仏教学科（仏教学コース／仏教文化遺産コース／国際教養コース／宗学コース）

〈学部学科の編成　2024（令和 6）年度〉

　　地域創生学部　　地域創生学科／公共政策学科

　　人間学部　　　　人間科学科／社会福祉学科

　　臨床心理学部　　臨床心理学科

　　表現学部　　　　表現文化学科（ライフデザインコース／クリエイティブライ

ティングコース／情報文化デザインコース）／メディア表現学
科（放送・映像メディアコース／アート＆エンターテインメン
トワークコース）
文学部　　　　日本文学科／人文学科（哲学・宗教文化コース／国際文化コー
ス）／歴史学科（日本史コース／東洋史コース／文化財・考古
学コース）
仏教学部　　　仏教学科（仏教学コース／仏教文化遺産コース／国際教養コー
ス／宗学コース）

大学院の編成

仏教学研究科（修士課程・博士課程）　　仏教学専攻
人間学研究科（修士課程）　　　　　　　社会福祉学専攻／臨床心理学専攻／
　　　　　　　　　　　　　　　　　　　人間科学専攻
人間学研究科（博士課程）　　　　　　　福祉・臨床心理学専攻
文学研究科（修士課程・博士課程）　　　宗教学専攻／史学専攻／国文学専攻

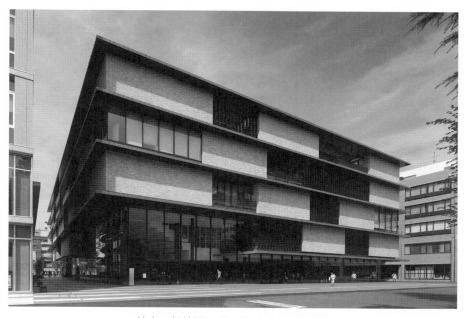

校舎一部外観　グッドデザイン賞受賞

第1部

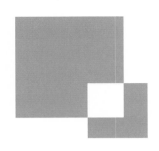

これからの大学図書館の 役割を考える
―教育と地域との連携に焦点を当てて―

1．はじめに

　2020（令和2）年に全世界を覆ったコロナ禍は価値観転換の契機となり、変化を加速させ、世界は大きく変わった。社会は変化のスピードを一層早めており、AIがそれを後押しする。我が国は世界の潮流とは異なる道を歩んでいるようにも見える。電力問題も然り、少子化対策は待ったなしである。これまでの知の枠組では手がかりを示せないことは一目瞭然である。コロナ禍の真っ只中にあって、衛生学者は接触を避けるように言い、経済学者は経済との両立を主張した。その一方で臨床医たちは死に瀕する患者を前に苦しんでいた。

　たった一つの学問領域で解決できるような問題はもはや少なく、最適解もまた見つかりにくい。専門知は大切なのはいうまでもないが、専門知を活用し、社会と接点を見つけ、また他の学問領域の知も生かしていくことは、複雑化する社会を生き抜くにはどうしても必要であろう。

　大学もまた変化の時期を迎えている。大学図書館はこれまでは"象牙の塔"の象徴のような場所だったともいえる。知を蓄積し、利用制限をかける中で来る者を拒まず、というような存在だったことは否めない。しかし、大学は教育の重要性を担保しない限り、生き残れない。大学教育の役割も変化している。全国の大学図書館には、DX化の推進をはじめとして、さまざまな先進事例も見られる。[1]

　地域社会に目を向けると、少子高齢化が進み、コロナ禍で人びとの孤立が進む。大学は地域社会の状況に目を瞑（つぶ）っていることはできないだろう。

2．これからの高等教育

　2018（平成30）年11月26日の中央教育審議会答申「2040年に向けた高等教育のグランドデザイン（答申）」（「グランドデザイン答申」という。）が取りまとめられた。答申では、これからの高等教育改革の指針として位置付けられるべき

ものとして、今後実現すべき方向性を三つ提示した。[2]

【資料1】高等教育の方向性（「2040年に向けた高等教育のグランドデザイン（答申）」）

・高等教育機関がその多様なミッションに基づき、学修者が「何を学び、身に付けることができるのか」を明確にし、学修の成果を学修者が実感できる教育を行っていること。このための多様で柔軟な教育研究体制が各高等教育機関に準備され、このような教育が行われていることを確認できる質の保証の在り方へ転換されていくこと。

・18歳人口は、2040年には、88万人に減少し、現在の7割程度の規模となる推計が出されていることを前提に、各機関における教育の質の維持向上という観点からの規模の適正化を図った上で、社会人及び留学生の受入れ拡大が図られていくこと。

・地域の高等教育の規模を考える上でも、地域における高等教育のグランドデザインが議論される場が常時あり、各地域における高等教育が、地域のニーズに応えるという観点からも充実し、それぞれの高等教育機関の強みや特色を活かした連携や統合が行われていくこと。

　とりわけ前述の3つ目については、これまでの高等教育では欠けていた視点である。生涯学習やリスキリングに対するニーズは、地域によっても異なる。また、大学の強みや特色も大きく異なる。地域のニーズと大学の強みや特色を適切に噛み合わせる視点を持って、高等教育のグランドデザインを構築することが求められている。
　そして、2022（令和4）年に大学設置基準が改正された。[3] この改正は、「新たな時代を見据えた質保証システムの改善・充実について（審議会まとめ）」（令和4年3月18日中央教育審議会大学分科会質保証システム部会）を踏まえている。[4] 図書館には新たに教育研究に資する役割が示された。

【資料2】改正大学設置基準（令和4年9月30日公布，令和4年10月1日施行）

> （教育研究上必要な資料及び図書館）
> 第三十八条
> 大学は、教育研究を促進するため、学部の種類、規模等に応じ、図書、学術
> 雑誌、電磁的方法（電子情報処理組織を使用する方法その他の情報通信の技
> 術を利用する方法をいう。）により提供される学術情報その他の教育研究上
> 必要な資料（次項において、「教育研究上必要な資料」という。）を、図書館
> を中心に系統的に整備し、学生、教員及び事務職員等へ提供するものとする。
> 2　図書館は、教育研究上必要な資料の収集、整理を行うほか、その提供に
> 当たって必要な情報の処理及び提供のシステムの整備その他の教育研究上
> 必要な資料の利用を促進するために必要な環境の整備に努めるとともに、教
> 育研究上必要な資料の提供に関し、他の大学の図書館等との協力に努めるも
> のとする。
> 3　図書館には、その機能を十分に発揮させるために必要な専門的職員その
> 他の専属の教員又は事務職員等を置くものとする。

【資料3】令和4年度大学設置基準等の改正に係るQ&Aより「Q50. 今回の改正の趣旨」

> 2．図書館を中心に系統的に整備する資料の例として、電子ジャーナル等を
> 念頭に「電磁的方法により提供される学術情報」を加えるほか、図書館に閲
> 覧室、整理室等を備えることを求める規定を削除するなど、紙の図書のみを
> 想定したような規定を見直すこととし、教育研究上必要な多様な資料の整備
> 促進等を期待するものです。

　資料3[5]の回答は、まさにデジタル社会、DX社会に対応するものである。AI
に対する脅威をことさら声高に唱える必要はないようにも思えるが、図書館はま
ずは電子化に確実に対応していく必要がある。
　電子書籍は、図書館を訪れることができない人びとにも対応できる。まさにバ
リアフリーを実現することのできる情報資源である。本学でも、電子書籍の割合
を高めていくことにしている。後述するが、本学では学外に一般開放しているた
め、電子書籍は学外の人たちにとっても利便性が高くなる。

教育研究上必要な多様な資料の電子化は、このように電子書籍が真っ先に浮かぶが、それだけではない。本学では、データベースの一層の充実や、新たに試験的にサブスクリプションも導入している。雑誌、漫画といったコンテンツは、導入によって学生の読書率の向上に間接的に寄与することが期待できる。Z世代の学生は雑誌も漫画も読まないからである。また、映画コンテンツのサブスクリプションも導入によって、さまざまな効果が期待できる。本学には表現学部があり、教育上の利用はもとより、学外の利用者に対する波及効果が期待できる。

　これからの大学図書館は、どのように役割を変化させていく必要があるのだろうか。大学には歴史や規模、文化や地域社会の状況によってそれぞれ事情が異なるため、一般論化することは難しい。しかし、改正大学設置基準が示すものを確実に実現させていかねばなるまい。本学図書館は、基本理念として「学びのコミュニティ」の創出を主軸に置いた。そして「創発」の実現を目指している。「創発」とは、部分の総和が総和以上のものとして現れることをいう。このことから、既存のものや新規のものを組み合わせることにより、予想を超えた新たなものを生み出すことに使われる場合がある。また、イノベーションと関連づけて用いられる場合もある。物理学や生物学で用いられる概念が、組織論における人材開発や情報工学などに転用されるようになっている。

　これからの大学図書館は、大学教育の脇役ではなく、新たな価値の創造に向けた中核となる場であるべきだと考える。新たな学びを創造したり、既存の知を横断的に統合して学際的な知を創出したりする場であり、発信地でありたいと考えもし、願ってもいる。

3. 学びのサードプレイスを創造する

　大学図書館に限らず、図書館は読書や学び、そして憩いなどの場の提供であり、学習・学修機能の公的な提供機関である。図書館が単なる施設としての"場"の提供だけでは、集う人びとは、ばらばらである。自然な成り行きに任せていては、ばらばらな人びと同士はつながりにくい。人びとがつながるためには、何らかの"しかけ"が必要である。特に、コロナ禍で断絶された学生や人びととのつながりを取り戻していくためには、相当の工夫や努力が必要である。

　サードプレイスとは、家庭（第1の場所）でも、学校や職場（第2の場所）でもない第3の場所である。サードプレイスの概念を提唱したのは、レイ・オルデンバーグである。[6] オルデンバーグがアメリカ社会のコミュニティの衰退に問題意識を持ち、1980年代にこの概念を提唱した。しかし、また、改めて注目され

ている。

　我が国においては、社会構造が変化し、一人暮らしの人たちも視野に入れれば、第1の場所である家庭という概念もまた固定化されたものではなくなる。多様な生き方がある。そして、社会にはカフェ、居酒屋、カルチャーセンター、公共図書館など、さまざまなサードプレイスがある。

　近年ではサードプレイス概念の拡張が見られる。石山恒貴は、オンライン、商業性、コミュニティ論という3つの観点からサードプレイス概念の拡張範囲の妥当性について検討した。[7]

　井田浩之は、大学図書館について、「専門職と学術活動の間に創発されたスペース」として整理した。[8]

　コロナ禍は社会構造をより一層大きく変化させた。孤独や孤立を感じる人たちも増え、学校や就労環境の変化もあり、自死する人も増えた。サードプレイスは、居場所であり、孤独・孤立を防ぐ場でもある。

　人びとのつながりが稀薄となった社会に交流の場を再生することが大切だと考えている。いずれは、本学の近くにある巣鴨地蔵通り商店街に図書館の出張所を開設し、地域の人びとに運営してもらうことも構想している。いわゆる「まちライブラリー」である。

　ますます居場所が必要となっている。居場所づくりとしてカフェを設置している高校がある。[9] また、本学がある東京都豊島区は、人口減少による消滅可能性都市としてマイナスの意味で有名になったが、2023（令和5）年に急逝された高野之夫区長の献身的な取組と職員の努力により、文化都市として文化行政の充実に努め、その汚名を晴らすとともに、財政の健全化も実現した。豊島区は若者の居場所づくりにも取組んでいる。[10]

　サードプレイスは、ただ場所を開放すれば機能するというものではなく、何らかのしかけが必要である。

　「国立大学図書館機能の強化と革新に向けて　〜国立大学図書館協会ビジョン2025〜」[11] の重点領域2では、次のように、「場」としての機能を拡張し、研究・交流活動の支援だけではなく、「大学と社会・地域との連携を促す」ことを提唱している。

【資料4】重点領域2．知の創出：新たな知を紡ぐ〈場〉の提供

> 　国立大学図書館は、これまで人と知識や情報、あるいは人同士の相互作用を生み出すコミュニケーションの場であり、知を創出する空間であった。こ

れからは旧来の「館」の壁を超えてその場を拡張し、物理的な場だけでなくネットワーク上に存在する情報空間をも新たな知を創出するための場として活用することにより、学習／学修・教育の質を向上させ、研究・交流活動を支援するとともに、大学と社会・地域との連携を促す。

　大正大学図書館でも、大学と社会・地域との連携を基本的な理念の一つにしている。第1に、知の共有の場を提供し、研究者、学生、市民による研究や学びの交流の場を創り出すこと、第2に、新たな交流を促す自律的な学習・学修の場を創り出すこと、第3に、市民の新たな交流の場を創り出し、学術・文化に基づくまちづくりに寄与すること、以上の3点である。大学図書館が有する情報資源と人的資源を活用し、新たな交流を創出することを意図している。地域の教育資源である公共図書館、小学校、中学校、高等学校といった教育機関、地域の人材も含んでいる。また、学習・学修の対象となるのは、学生や市民のほか、児童生徒も含んでいる。教育資源も人的資源も包摂的に捉え、大学図書館を拠点として、多様な交流が生まれることを「場」の機能としている。

【資料5】大正大学図書館の「場」としての図書館に関わる機能

	機　能	実施済みの取組	今後の取組
1	知の共有の場を提供し、研究者、学生、市民による研究や学びの交流の場を創り出すこと	・萩原朔太郎大全 2022 ・学校司書の社会的地位向上のためのシンポジウム	・市民対象「学びのコミュニティ」講座
2	新たな交流を促す自律的な学習・学修の場を創り出すこと	・一般利用開放 ・学生対象「学びのコミュニティ」講座 ・小学生、中・高校生の職場体験（インターンシップ）	・一般開放の拡充 ・中・高生対象「学びのコミュニティ」講座 ・学校図書館サミット（仮称）
3	市民の新たな交流の場を創り出し、学術・文化に基づくまちづくりに寄与すること	・豊島文化の日「にぎやかな図書館祭」	・まちライブラリー ┣ おはなし会、読み聞かせ会 ┗ 中高生ひろば

4．大学図書館の教育・学修機能をデザインする

（1）教育に関わる・関わり合う

① 授業と積極的に連携する―コンピテンシー・ベースの学びを支援する―

　大学図書館職員の授業への関与は、小・中学校、高校における学校図書館の司

書教諭以上に難しい面がある。図書館職員は、大学授業という専門性が高く、独立したものには接近しにくい。

　井田浩之は、図書館員の業務の中でも、情報リテラシー教育は大学教員（カリキュラム）と近いところで展開しており、図書館職員の業務とカリキュラムの世界とをつなぐものとして、情報リテラシー教育の役割を挙げている。[12]

　情報リテラシー教育だけではなく、図書館職員は、授業支援として必要な情報資源を選定・提供することも必要である。場合によっては、人的資源さえも提供することも必要となる。この意味でも、カリキュラムと連携することが図書館職員の新たな専門性として必要になると考える。

　近年では学修支援に力を入れる大学図書館が増えつつある。情報資源を収集し、整理していくことは、研究支援のための基本的な機能であり、学部・学科・専攻を超えて、横断的な取組が可能である。図書館として研究全体を俯瞰して支援することも可能であり、ある分野への重点的な支援も可能となるなど、大学図書館として計画的・継続的な取組が求められるだろう。

　しかし、学修支援となると様相は異なる。学部・学科・専攻はそれぞれ独立しており、カリキュラムも異なるため、図書館が関わりにくい面がある。従って、どうしても図書館は学生の学びに対して後方支援的になり、図書館という役割自体が「付属物」としての脇役になりがちである。

　大学職員が授業と連携する道筋としては、特に、入学時の初年次教育としてのアカデミック・スキルへの関わりが挙げられる。近年では大学の学びの基礎・基本としてアカデミック・スキルを位置付け、1年次を中心にカリキュラムが編成されている大学が少なくない。かつては入学後のオリエンテーション期間中を中心に実施していたような自校の歴史や高校と大学の学びの違いについて説明する機会は、科目として具現化し、計画的・継続的に学ぶカリキュラムを構築している大学も見られる。そのような授業に対して、一般的には図書館内に「大学の学び入門」といったようなアカデミック・スキルに関係するコーナーを設けている図書館もある。さらには図書館職員が授業に積極的に関わり、授業内で図書館職員によるガイダンスを実施することがあげられる。

　本学では、1、2年次の共通・教養科目として、人間の探究、社会の探究、自然の探究といった探究科目や、総合英語、データサイエンス、リーダーシップなどの科目を設置している。本学では第Ⅰ類科目という名称にしている。コンピテンシー・ベースの科目であり、「教育目標」と「育成する資質・能力」を設定している。

　高校では、2018（平成30）年の学習指導要領改訂により、コンピテンシー・ベー

スの教育が始まった。本学は高校の学びとの連続性、接続性を意識し、1、2年次を中心にカリキュラムを構造化している。

　本学の教育課程は、資料6のような構造になっている。

【資料6】大正大学の教育課程の構造

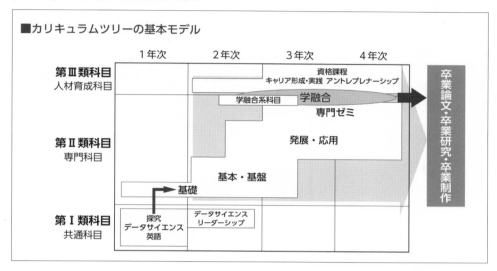

　「教育目標」と「育成する資質・能力」を設定し、カリキュラムの特色化を図っている。「育成する資質・能力」は「〜できる」と表現しており、学びの成長のための評価規準としても位置付けることができるだろう。また、本学の「育てたい学生像」を見取れるものとなっている。その中軸となるのは、やはり、"自律的な学修者"（active learner）の育成に他ならない。

　コンピテンシーは、OECD − DeSeCo のキー・コンピテンシーや、ATC21s（Assessment and Teaching of 21st Century Skills = 21 世紀型スキル効果測定プロジェクト）による 21 世紀型スキルへの関心や、社会での有用性を背景にしたものと考えられる。

【資料7】大正大学の教育課程における教育目標、育成する資質・能力

　○教育目標
　　第Ⅰ類科目では、大学での学びの基礎となる「主体的な学修態度」を育成するとともに、大学での学びに必要な学修スキル、汎用的な技能を習得することで、本学が目指す新時代の人材像の礎を築くために必要な資質・能力を

育成することを目指します。

○育成する資質・能力
① 主体的学修態度
　　自ら進んで学修し、さまざまな学びや経験を統合して、自らの学びを深めることができる。
② 知識理解・活用力
　　知識・情報を的確に収集・活用して、事象を複眼的に考察し、創造的な発想をすることができる。
③ 表現力
　　読者や聴衆、状況や場面に即して適切な手段を用いて、分かりやすくかつ説得力のある表現をすることができる。
④ 課題探究・解決力
　　自ら「問い」を発して探究するとともに、解決策を重層的に構想し、現実的に解決することができる。
⑤ 情報・データ活用力
　　情報リテラシー、データリテラシーを身につけ、課題解決に役立てることができる。
⑥ 対人力
　　他者と協働して活動するとともに、リーダーシップを発揮して、他者との共生を目指すことができる。
⑦ セルフマネジメント
　　自らの価値観を大切にし、将来を見定め、力強く生きていくことができる。
⑧ チャレンジ精神
　　新しいこと、困難なことに挑戦し、新しい価値創造を目指すことができる。
⑨ 地域密着力
　　地域の人々と交流し、地域の実情を理解して、地域の人々と協力して、地域の課題を発見し、解決できる。

　このようなコンピテンシーを統括する組織として、本学には専門的な組織を設置している。チューター教員を配置し、学生のきめ細かな指導に当たっている。

その例として、入学後に個別面談も実施し、学生の学修支援に取組んでいる。

　本学図書館では、当該組織と図書館職員で協議し、チューター教員とも連携しながら、新入生全員に図書館ガイダンスを実施する仕組みを整備した。

　組織的な取組によって、これまで1年次で科目単位やゼミ単位で実施していた図書館ガイダンスが一本化された。このことによりガイダンスの質を担保し、効率化を図ることができた。

　ガイダンスだけではなく、職員がカリキュラムをよく理解することにより、学生のニーズに応じた研究支援を行うことができる。教員と職員が協働する「教職協働」の具体化の一つとして位置付けることができるが、そのためには、図書館がカリキュラムと連携するという視点が欠かせない。

② 　情報活用能力を育成する

　デジタル・ネイティブである学生にとって、情報に関する学びは特に大切である。高校の教科「情報」においても、情報活用能力の育成は重視されているが、学校間の格差も見られる。大学入学段階での仕切り直しが必要である。

【資料8】Z世代の新入生に必要な情報活用能力（例）

・テレビや新聞、雑誌など、マス・メディアごとに異なる特性の理解すること

・マス・メディアの活用方法を理解すること

・学習や研究のための目的に応じた図書資料の活用方法を理解すること

・著作権について理解し、著作権を遵守する実践力を身につけること

・SNSの特性と適切な活用方法を理解し、利用の妥当性について振り返ること

・一つのメディアの情報だけで情報を収集したり理解したりせず、複数のメディアの情報を比較し、適切な情報を選択すること

・メディアの情報（特にSNS）を鵜呑みにせず、多面的・多角的に他の情報と比較して、情報の正確性や真偽を判断すること

・SNSにおける情報発信のメリットとデメリットを理解すること

・デジタル・タトゥーや個人情報の管理などのSNSでの情報発信におけるリスク・マネジメントを理解すること

・さまざまなサブスクリプションを効率的・効果的に活用すること

これらの情報活用能力は、SNSと親和性の高いZ世代の間でも、格差が見られる。学生の実態に即した対応が求められる。

　また、これらは単なる知識のレベルにとどめず、実践できてこそ生きるリテラシーとなる。図書館としては、1年次向けの授業だけではなく、3、4年次のゼミでの図書館ガイダンスにおいても、情報との接し方や著作権などの情報倫理についても適宜取り扱うようにしている。授業担当の教員と連携することにより、専門領域に関連させながら、図書館の活用方法について具体的にガイダンスを実現することができる。事前に教員との打ち合わせを行うこととも併せて、職員には教員の専門分野に対する理解はもとより、カリキュラムに対する理解が一層求められる。

（2）新たな人的交流を促す自律的な学習・学修の場を創り出す

　現在の初等中等教育では、「主体的・対話的で深い学び」を実現することが求められている。つまり、他者から強制されるような他律的な学びではなく、自ら主体的に学ぶ「自律的な学習者像」が目指されているということである。知識をどのように活用するかが重視されており、課題の解決や課題の深化などの目的のために知識を再構成するという考え方を背景にしている。このような構成主義的な学習論の下にあっては、大学図書館には情報資源の蓄積場所としてだけでなく、教育や研究に情報資源を活用していくための積極的な方略が求められることになる。特に教育の活用のための方略である。

　そのため、大学図書館は、まずは魅力ある場所となるようにハード面とソフト面の両者を工夫し、学生にとって魅力ある図書館にしていくことが求められる。そして、"自律的な学修者„（active learner）を育てていくことが求められる。

　そのためには、第1に、ハード面では主体的な学びが自由にできる空間を用意することである。本学図書館では、グループ学習が自由にできるよう、オープン・スペースを多く設置している。また、グループ学習室もある。さらには、個人用の学習室も多く設置している。

　第2に、授業とは異なる図書館独自の学びの場（講座等）や情報を用意することである。コロナ禍のオンライン授業は学びを豊かにするとは言い難い面があった。もちろんオンラインでこそ実現可能な教育方法もあり、一概に否定することはできないが、閉塞的、受動的になることには抗い難い面がある。毎日パソコンの画面と向き合う学生の姿を想像した時、図書館として独自の講座を設ける必要性を感じ、オンラインでスタートした。現在では定期的に対面のみで開催している。今後は、講座動画のアーカイブ化を進め、いつでもどこでも視聴できる仕組

みを整備していく計画である。既に一部の講座は動画化し、視聴できるようになっている。

【資料9】 自律的な学修者を育てる場としての大学図書館

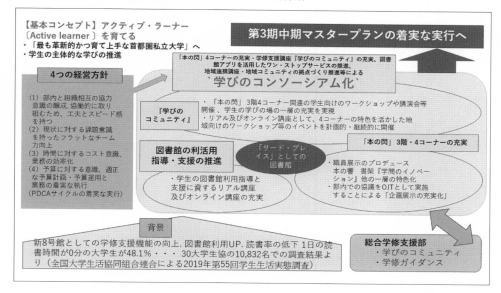

（3）読書の楽しみや喜びを発見する場を創り出す

　タイム・パフォーマンスを重視する大学生にとっては、読書はスローでしかない。情報は読む速度でしか入ってこず、能動的な姿勢が求められる読書という営みに、どのように学生を誘うか、近年の大学図書館も読書推進に取組み始めているところは少なくない。

　これからの大学図書館には、学生の読書を推進していくことも求められる。ただし、娯楽的な読書だけではなく、大学での専門的な学びや研究に資する読書、すなわち探究的な読書の推進が必要である。

（4）地域社会に出会いと学びの場を提供する
①　イベントを社会に開き、学び・交流する場を創り出す

　大学図書館が主催者となって主体的に開催する学術的・文化的なイベントには、老若男女の学びの場として機能する役割がある。図書館が所蔵する貴重な資料を展示するだけではなく、関連するシンポジウムなどのイベントを企画・運営することによって、広く大学の知的資源を社会に還元することにつながる。

　視点を変えれば、図書館職員の力量を高める場にもなる。図書館にはスペシャリストは欠かせないが、これからの図書館では、さまざまな取組に挑戦し、前例

にとらわれることなく実現させていくタイプのジェネラリストの養成も欠かせない。

　大学図書館は貴重な資料を書庫に保管しておくだけでは、単に“死蔵„でしかない。有効活用というのは簡単であるが、企画の内容によって活かすこともできるだろう。これからの大学図書館では、多くの人びとの学びの拠点として情報資源を生かすことが大切である。それぞれの大学図書館の伝統や特色を生かした方向性で学術的・文化的なイベントを企画することが求められる。

　本学図書館では、2022（令和4）年に、東京都豊島区立図書館と連携した「にぎやかな図書館祭〔フェス〕2022」を開催し、多くの地域の人びと、子どもたちが来学した。

　また、2022（令和4）年が萩原朔太郎没後80年に当たることを記念し、前橋文学館と連携して開催した“萩原朔太郎大全2022„は、本学図書館のほか、全国の50ほどの施設で同時開催された。記念イベントには、萩原朔太郎のご令孫である萩原朔美氏と詩人の吉増剛造氏を招いた。

② 保育園・幼稚園、小・中学校の教育活動を支援する

　本学図書館は、コロナ前より地域住民と近隣の中学校と高等学校の生徒に開放している。今後は近隣の豊島区、北区、板橋区の教育委員会とも連携し、小・中学校の学校教育に対する支援も視野に入れている。既に児童の職場体験にも協力した。今後は小・中学校では、筆者が専門とする読書活動への支援を視野に入れている。絵本や図鑑などの収集に努めており、積極的な活用を構想している。

（5）高大連携に積極的に関わる

　高校の新しい学習指導要領で示された探究学習は、高大接続の観点からも大学図書館と高校が連携しやすい。大学図書館は高校側の探究学習を間接的にも直接的にも支援することができる。

　小学校と中学校の接続では小中連携教育があり、中学校と高校の接続では中高一貫教育がある。高校と大学の接続は従来から重要性が指摘されながらも、なかなか機能しない面があった。学習指導要領で規定された高校の教育を多様な大学教育に接続させるためには、何らかの理由が必要である。そこで着目できるのは高校から大学につなぐための学力観を共有化し、接続させるという方法である。

　高校の新しい学習指導要領で示された探究学習への支援は、高大接続の観点からも大学図書館と高校が連携しやすいこともあり、高校側の要望にできるだけ応えていく計画である。

　学校教育法の改正により、第30条の2項では学力が次のように定義された。

小学校の規定から見てみるが、この規定は他の校種にも準用される。

　　○　　前項の場合においては、生涯にわたり学習する基盤が培われるよう、基礎的な知識及び技能を習得させるとともに、これらを活用して課題を解決するために必要な思考力、判断力、表現力その他の能力をはぐくみ、主体的に学習に取り組む態度を養うことに、特に意を用いなければならない。

　これを整理すると、次のようになる。

①　基礎的・基本的な知識及び技能の習得
②　知識及び技能を活用して課題を解決するために必要な思考力・判断力・表現力等
③　主体的に学習に取り組む態度

　学力の３要素といわれるものであるが、学習指導要領に取り入れられ、教科や総合的な学習（探究）の時間での学習指導における評価の観点にもなっている。
　学力の３要素は、小学校、中学校、高校を貫く考え方となり、我が国の教育を規定している。従って、高等教育の立場から見れば、高大接続を考えた教育を行う必要性の根拠ともなる。大学入試でも「学力の３要素」をみることが求められており、総合型選抜入試として各大学が工夫に努めている。従来の AO 入試とは異なるものである。各大学のアドミッション・ポリシーに基づいた入試は既にこれが前提となっているからでもある。
　例えば、思考力・表現力・表現力をみるためには、従来の入学試験では対応することが難しい。そこで注目されるようになったのは、高校教育と大学教育をつなぐものとしての意味を持つ探究学習である。探究学習はそもそも入試を前提にしたものではないが、高校の現場感覚では、生徒の学力層によって捉え方が異なるものとなっている。
　例えば、進学校においては、教科の学習では実現が難しい横断的な内容を総合的な探究の時間にカリキュラム化し、探究学習を実施している。ゼミ形式で探究学習を行う高校や共通テーマを設けてグループで探究学習に取組む高校もある。
　進学校では探究学習は大学入試には直接的には役立たないが、大学への学びにつながる知的好奇心を育て、研究の基礎・基本を学ぶものとして位置付けている学校が多い。また、中堅校では、総合型選抜入試に出願しやすくするという現実的な思いがある。

筆者が学校の開設準備を行い、開校後も勤務した東京都立小石川中等教育学校には、ゼミ形式による講座を開設し、1年間にわたって研究に取組むカリキュラムがある。また、東京都立新宿高校では、地域の歴史や文化を学ぶため、「新宿」というテーマを設けて研究に取組み、あるグループは新宿駅関係者へのインタビューや伊勢丹百貨店で取材を行ったそうである。

　本学図書館では、複数の高校との連携を進めており、総合的な探究の時間における探究学習の導入的な学びに対する支援として、読書の楽しみを説く図書館長による講義や図書館職員による図書館ガイダンスのほか、職場体験や図書委員の生徒の図書館実習を受け入れるなど、高校のさまざまな教育活動に積極的に関わっている。

【資料10】自律的な学修者を育てる場としての大学図書館

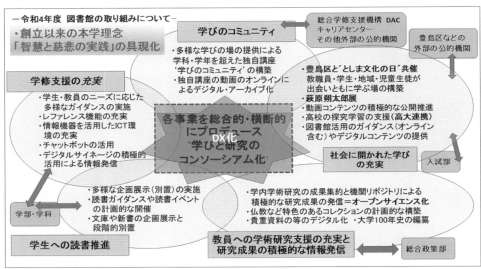

5．デジタル社会、DX 社会に向けた取組

　コロナ禍によって、さまざまな機関でのデジタル化の導入が進められた。それでもまだ日本社会は多くの場面で紙での運用が残されている。

　コロナ禍のなかで2020（令和2）年9月30日に文部科学省の科学技術・学術審議会学術分科会・情報委員会は、次のように提言した。[13]

【資料11】「コロナ新時代に向けた今後の学術研究及び情報科学技術の振興方策について（提言）」

> 大学図書館のデジタル化と学術情報のデジタル化は密接に関連する課題であり、我が国全体で、多様な学術情報資源の共有等により、大学図書館が相互に連携したデジタル・ライブラリーとなるよう、検討・取組を進めるべきである。

　提言において、「大学図書館間あるいは他の学術情報提供機関と協働」が、大学図書館のコンソーシアム化として示された。大学図書館は限られた予算の中で情報資源を購入しているため、近年の電子ジャーナル高騰に対応することが必要となっている。コンソーシアム化による共同利用によって、経費の効率的な運用が実現できるようになる。

　この報告等を踏まえ、文部科学省の科学技術・学術審議会情報委員会は、「オープンサイエンス時代における大学図書館の在り方について（審議のまとめ）」において、次のようなコンテンツのオープン化の方向性を示した。[14]

【資料12】「オープンサイエンス時代における大学図書館の在り方について（審議のまとめ）」

> 【ポイント】
> ・大学図書館は、今後の教育・研究における利用に適した形式で既存のコンテンツのデジタル化と、学術研究等の成果として今後産み出されるコンテンツのオープン化を進める。また。デジタル化されたコンテンツの利活用を支援する様々なサービスと　現行業務について、利用者志向の立場から再構築する。さらに、大学図書館間あるいは他の学術情報提供機関と協働することにより我が国の学術情報の集積、デジタル化及び学術情報の流通を促進する。

　このようなオープンサイエンス化の方向性は、図書館の組織が単独で行えるものではなく、学内組織相互の横断的な連携が欠かせない。大学のDXの方向性の中に位置付けて推進していくことが求められる。

　また、「研究データの管理・利活用をはじめとする研究のDX」について、前述の「審議のまとめ」では、次のように提言している。[15]

【資料13】「オープンサイエンス時代における大学図書館の在り方について（審議のまとめ）」

　　研究データの管理・利活用をはじめとする研究のDXには、情報系、研究推進系など様々な部署が関係するため、これらの間での目的を明確に共有し、セクショナリズムに陥らないようにすることが重要である。例えば、研究助成申請時の研究データ管理計画策定では研究推進系、リポジトリ構築や認証等に関しては情報系との連携が欠かせない。　特に認証については、学内における研究データの管理・利活用を進める上で極めて重要となることから、例えば、必要に応じ合同の対応チームを設けるなど、より強固な連携が必要である。同時に、新たに生じる課題への対応として、様々な関係部署が柔軟かつ機動的にチームを編成して解決に導くことも重要である。また、教員と職員の協働が円滑に進むよう、何のために研究のDXを推進するのかという目的の共有と相互の信頼関係の構築が肝要である。

このように、組織間の連携が欠かせない要件となることが示されている。
　また、国立大学図書館協会が提唱した「国立大学図書館機能の強化と革新に向けて　〜国立大学図書館協会ビジョン2025〜」では、次のような基本的な理念を示した。[16]

【資料14】「国立大学図書館の基本理念」

　　国立大学図書館は，社会における知識基盤として，デジタル・非デジタルを問わず，知識，情報，データへの障壁なきアクセスを可能にし，それらを利活用するための環境を利用者に提供することで，教育の質保証，研究力やイノベーション力の強化を推進する国立大学の教育研究活動を支え，社会における新しい知の共有や創出の実現に貢献する。

今後、国立大学では大学統合が進むことも考えられ、生き残りをかけた国立大学において、この基本理念は大学図書館の役割がもつ意外な方向性を示唆している。その意味においても、次の資料15が示すようにオープンアクセス化を進め、オープンサイエンスにつなげていく必要がある。[17]オープンサイエンスの推進により、大学によっては企業等と連携したイノベーションにもつながるであろう。

> 　国立大学図書館は，知の共有という観点から，大学における教育・研究に必要な知識及び情報を教育研究活動のサイクルに即して適切かつ網羅的に提供する必要がある。紙の図書や雑誌等によって構築された従来の蔵書に加え，電子ジャーナルや電子書籍，教材や研究論文・研究データといった教育研究成果，さらにはオープンサイエンスの進展に伴って今後ますます充実することが予想されるインターネット上にあって誰もが自由にアクセスできる有用なコンテンツをも対象とした知の共有のため，学術情報システムの高度化・情報発見環境の整備などの方策を検討し，実現する。

6．おわりに

　公共図書館の利用者サービスでは、SNS を積極的に活用している図書館があれば、電子書籍を充実させている図書館もある。自治体は、図書館予算を大幅に増額することは困難であるが、限られた予算の中でさまざまなサービスに取組んでいる。大学図書館もまた利用者志向の視点に立ってのサービス提供に敏感であるべきであろう。これまでの大学図書館には、サービスという考え方がやや足りなかったように思えるからである。

　学生の学びはもとより、障がいのある人も含めた人びとに対する情報資源へのアクセスビリティを高めることは、喫緊の課題として避けられない。情報資源へのアクセスビリティの観点から、2019（令和元）年 6 月に施行された「視覚障害者等の読書環境の整備の推進に関する法律」、いわゆる読書バリアフリー法への対応を急ぐ必要がある。

　本学図書館では、電子書籍の充実のほか、研究者による図書館独自講座「学びのコミュニティ」の動画をアーカイブとして整理することを視野に入れ、準備を進めている。これまで大学図書館のアーカイブといえば、大学が所蔵する貴重資料のデジタルアーカイブが多いが、生涯学習やリスキリングを視野に入れる時、情報資源の位置付けもまた拡がる。

　本学のように一般開放を進めている大学図書館では、前述の「オープンサイエンス時代における大学図書館の在り方について（審議のまとめ）」が指摘するように、ライブラリー・スキーマ[18] が重要な鍵となる。審議のまとめでは、図書館のハードとソフトのデザインは、利用者の属性によるとしている。本学の図書館では、地域に開かれているということが、重要な属性となる。大学図書館職員

の専門性は、属性によって異なるが、教育・研究の多岐にわたる対応は避けては通れない。前述したように、カリキュラムへの接近と連携は、教育を支える図書館職員の専門性の一つとして拡大していくだろう。新たな専門性の育成を図ることが今後の課題である。

　地域社会を視野に入れることにより、社会とつなぐトランジションとしての大学図書館の役割もまた拡大していくことになる。このことは、学びのための開かれた社会資本を市民が持つことにもつながる。学生、研究者、市民、生徒にとっての開かれた図書館づくり、開かれた学びの場づくりを一層進めていくことは、分断や格差社会が進む中にあって、その意味はけっして小さくはない。

【注】

1　「特集：それぞれの DX」『大学の図書館』第 40 巻第 5 号 ,大学図書館研究会 ,2021 年 .

2　答申の「はじめに」（p. 2）に示された。

3　文部科学省による 2022（令和 4）年 9 月 30 日の高等教育局長発出「大学設置基準等の一部を改正する省令等の交付について（通知）」によって示された。

4　質保証システムの課題として、学修者本位の観点からも授業外学習が十分でないことや、学修成果や教育成果の可視化による透明性の向上などの「グランドデザイン答申」での指摘も取り上げられた。

5　2023（令和 5）年 3 月 31 日更新の段階では合わせて 92 の Q&A が掲載されている。Q50 の「今回の改正の趣旨はどのようなものですか。」に図書館が取り上げられている。[https://www.mext.go.jp/mext_02038.html#q53]（2023 年 7 月 31 日閲覧）

6　レイ・オルデンバーグ ,忠平美幸訳『サードプレイス　コミュニティの核になる「とびきり居心地のよい場所」』みすず書房 ,2013 年 .

7　石山恒貴「サードプレイス概念の拡張の検討 ― サービス供給主体としてのサードプレイスの可能性と課題」『日本労働研究雑誌』,N0.732,日本労働政策研究・推進機構 ,2021 年 .

8　日本図書館情報学会臨時シンポジウム ,井田浩之 ,「情報リテラシー教育の実施は大学図書館員にとって優先事項なのか？」,2023 年 3 月 4 日 ,日本図書館情報学会臨時シンポジウム「図書館員の専門性」.井田は、「専門職を学術活動の間に創発されたサードスペース」については、次の論考を挙げた。Celia Whitchurch「SHIFTING IDENTITIES, BLURRING BOUNDARIES: The Changing Roles of Professional Managers in Higher Education」『Research & Occasional Paper Series』UNIVERSITY OF CALIFORNIA, BERKELEY , May,2008. [https://files.eric.ed.gov/fulltext/ED502798.pdf]（2023 年 6 月 14 日閲覧）

9　東京都立八王子拓真高校は 3 部制の昼夜間定時制高校である。不登校の生徒も多く、多様な生徒が学んでいる。誰一人取り残さないことを目標に生徒一人ひとりに応じたきめ細かな指

導に当たっている。学校と福祉をつなぐため、精神保健福祉士の資格を有したスクール・ソーシャルワーカーが配置されている。居心地のよい居場所づくりとして、校内カフェ「クローバーひろば」には学生ボランティアやユーチューバーが勤務し、生徒との交流に努めている。また、学校図書館も生徒の居場所づくりとして機能させている。

10　豊島区内に若者のための「だちゃカフェ」がある。公認心理士などのこころの専門家も配置している。2022（令和4）年11月、豊島区に若者が安心して過ごすことができる若者の居場所としてオープンしたものである。

　　　なんだか最近人と話す機会ないなぁ・・・／こころが休まる居場所がほしい・・・／新しいことをはじめてみたいけど勇気がでない・・・／そんなことを思うことはありませんか？［https://www.city.toshima.lg.jp/suzuran/202211dachacafe.html］（豊島区ウェブサイトによる、2023年6月14日閲覧）

11　国立大学図書館協会「国立大学図書館機能の強化と革新に向けて　～国立大学図書館協会ビジョン2025～」, p. 3, 2021（令和3）年6月25日, 国立大学図書館協会第68回総会.［https://www.janul.jp/sites/default/files/vision2025.pdf］（2023年6月11日閲覧）

12　前掲8.

13　提言では「コロナ禍により、学術情報の集積拠点である大学図書館への物理的なアクセスが制限された結果、教育研究活動に大きな影響が生じたことを踏まえ、大学図書館においては、今後、より一層、デジタル化を進めることが必要である。」という認識を基本としている。研究振興局振興企画課学術企画室が担当した。

14　文部科学省「オープンサイエンス時代における大学図書館の在り方について（審議のまとめ）」, p. 3, コロナ禍の終息が見えつつあった2023（令和5）年1月25日に公表された。

15　前掲14, p. 9.

16　前掲11, p. 1.

17　前掲11, p. 2.

18　前掲14.「ライブラリー・スキーマ」とは、審議のまとめの「用語解説」（p.17）において、次のように解説している。

　　　図書館のサービスをデザインする上で必要となる基本的な論理構造のこと。①物理的空間のデザインなどのハード面、②様々なコンテンツの提供や図書館員による　サービスなどのソフト面、③その両者の関係性、を定義するものであり、これを具体化したものが、実際に存在する図書館とそこで提供されるサービスとなる。図書館ごとに唯一のライブラリー・スキーマが定められるが、利用者の属性（分野や立場等）によって、見え方が異なる点に留意が必要である。

読書を社会に開く
―これからめざしたいこと―

　2022（令和4）年、文部科学省は「令和4年度子供の読書活動推進に関する有識者会議」を設置した。「子どもの読書活動の推進に関する法律」（平成13年法律第154号）に基づき、政府として概ね5年に一度、「子どもの読書活動の推進に関する基本的な計画」を策定している。図書館長の稲井達也は有識者会議に委員として出席した。有識者会議での意見等は、2022（令和4）年12月、「令和4年度子供の読書活動推進に関する有識者会議　論点まとめ～全ての子供たちの読む喜びを育む読書活動の推進～」にまとめられ、公表された。

　2023（令和5）年3月28日、第五次の「子どもの読書活動の推進に関する基本的な計画」は閣議決定を経て、各国公私立大学長、各都道府県教育委員会教育長らに通知された。

　本コラムは、『学校図書館』（全国学校図書館協議会機関誌）に掲載された文章である。機関誌の特集として有識者会議委員が文章を寄せた。大学図書館職員が高校までの読書活動の趣旨や経緯について関心を持つことも大切である。

1. 紙の本を読むリテラシー

　こんな話を聞いた。アルバイトをしている塾での出来事である。見開きの縦書き2段組のページを読んでいた中学生が「意味が全くわからない文章です」というので確認したところ、1ページ目上段から下段に行かずに2ページ目上段へと横に続けて読んでいたという。意味が理解できないのも当たり前である。また、高校2年の妹が夏休みの宿題で漱石の『こころ』を文庫本で読んでいたのだが、夏休みの終わり近くになっても「全然読み進めなくて困る」というので、試しに電子書籍版をダウンロードしてスマートフォンで読んでもらった。妹はあっという間に読み終えてしまったという。この2つのエピソードから、デジタル・ネイティブであるZ世代が、紙の本の読み方の「文法」とは疎遠であり、スマートフォンのような電子デバイスとの親和性が高いということが読み取れる。デジタル・ネイティブはコスト・パフォーマンスやタイム・パフォーマンスを重視する傾向がある。

　子どもたちは大人たちの議論とは次元の異なるリアルなデジタルの世界に生きている。しかし、まだ社会が完全なペーパーレス社会になるわけではないので、紙媒体が持つ利便性についても実感させ、紙の本の読み方のリテラシーについても養っておく必要がある。

2. メディアを選択するリテラシー

　「子どもの読書活動の推進に関する法律」の施行から二十有余年が経った。この間、学校教育では読書習慣を身につけるため、読書の楽しみを実感しながら読

書習慣を身につけるということに重きが置かれてきた。本の読み方は社会のさまざまな場面と文脈によって異なる。高校では教科や総合的な探究の時間での探究学習が導入され、問いを解決するために文献を読むという研究的な読書のリテラシーが必要とされるようになった。

　一方、実社会では、目的に即して必要な本を選び、複数の本から必要な情報をかき集めることもある。また、リスキリングのためにじっくりと１冊の本に向き合うこともある。もちろん本だけではなく、ウェブサイトやSNSからも情報を収集している。

　目的に応じて、選択的に本の読み方を使い分けるスキルが必要である。これに加えて、紙の本と電子書籍、あるいはウェブサイト、新聞の情報も加わる。デジタル・ネイティブは最初の選択がデジタル情報で、他の情報と比較読みする経験が少ないので、メディアを選択的に使い分けるリテラシーを養うことが大切である。

3. 読書環境の社会的な保障

　読書は共感力、想像力、感性などを育てるために必要であり、非認知能力を養うために欠かせないものである。非認知能力は日常生活の質を豊かにし、また長期的に見れば児童生徒の将来にじわじわと影響を与える面があるからである。しかし、非認知能力は家庭環境が大きく影響し、５歳までに育てるべきなどという英才教育的な視点での身も蓋もない意見が見られる。経済的な余裕があり、本が多い家に育てば自然と本にも関心が向く。経済格差が進む日本社会では家庭の読書環境に格差が生じている。経済的苦境にある家庭の子どもや障がいのある子どもも含めて、全ての子どもたちが本に出会うようにするため、読書の機会均等が必要である。

　我が国では衣食住などの生きる上で必要最低限の生活水準が満たされていない「絶対的貧困」の状況はほぼないが、表面的には見えにくい「相対的貧困」が広がる。子ども食堂は相対的貧困にアプローチするものである。読書という文化施策でも相対的貧困へのアプローチが求められる。民間による「ブックサンタ」のような取組が好例の一つである。

4. 情報資源の共有

　学校図書館には予算的に限界がある。税収も大きくは期待できない中では、限られた予算の効率的な配分が求められる。これからは学校と地域の公共図書館が連携し、子どもたちに本を提供するネットワークを充実させ、さまざまな情報資

源を共有し、学校教育を補完することが必要である。

そこに DX（Digital Transformation）の役割が期待できる。DX にはオープンソース、オープンデータ、クラウドサービスが必要である（西垣通『超デジタル世界：DX、メタバースのゆくえ』岩波書店、2023）。例えば、学校図書館から電子書籍の利用ができるようにするには、行政の矩（のり）や業務委託などの制限を超えた新たな仕組みを整備する必要がある。

5. 社会に開かれた読書

これからは学校外へと視野を広げ、コミュニティという視点に立って、読書という"個の営み"を社会に開いていく取組が大切である。学習指導要領でも、「社会に開かれた教育課程」という考え方が示されている。

私が勤務する大正大学では 2020 年 11 月に新たな附属図書館（東京都豊島区）がグランドオープンした。2022 年 11 月、としま文化の日に合わせて、豊島区立図書館との共催により、本学附属図書館で"にぎやかな図書館祭（フェス）"を開催した。豊島区立図書館では、多様性を重視し、にぎやかな図書館という理念を掲げており、その理念に共鳴しての取組だった。オープニングセレモニーには、2023 年 2 月に急逝された高野之夫豊島区長（当時）、高際みゆき副区長（現区長）が参加された。

3 日間の"にぎやかな図書館祭（フェス）"では、読み聞かせ、図書館探検、ブックカバーづくりなどを行い、保護者とともに多くの子どもたちが参加してくれた。今後は、本を介して、世代を超えて、学生、教職員、地域の子どもと人びとがともに出会い、集い合い、学び合う"サードプレイス"として、新たな読書コミュニティや学びのコミュニティを創り出すことを構想している。

読書を「社会に開かれたもの」にしていくような工夫を試みていくことで、読書の新たな価値が創造できる。子どもと大人が感想を共有し合う、高齢者施設で中学生・高校生が本を読むボランティアを行う、地域の人びとと読書会を開催する、地域を題材にした探究学習の過程で本から得られた知識を含む学習成果を地域の人びとに発表するなどの工夫が考えられる。本を介して生きる力や生きる喜びにつなげるためにはどうしたら良いのか、そのことを真摯に問い続けることは、子どもたちが生きるこれからの新たな社会を創造するための一つの契機となるに違いない。

【出典】

『学校図書館』公益社団法人全国学校図書館協議会，2023 年 3 月号，869 号．

第2部

実践編

大学生の読書環境デザイン
—小・中学校・高校から大学へ、大学から社会へ、社会から大学へ—

1．はじめに　—高校から大学へ、大学から社会へつなぐ—

　1954（昭和29）年から続く学校読書調査[1]では、5月1か月間の小学校、中学校、高等学校といった校種別の平均読書冊数が注目されてきた。過去31年間の推移を見ると小学校では上昇傾向にあるが、第67回（2022年実施）の調査結果[2]では、中学校と高校は小学校に比べて数値は大きく下がり、1992（平成4）年から2022（令和4）年までは、ほぼ横ばいである。また、5月1か月間に読んだ本が0冊の児童生徒を「不読者」と呼び、過去31年分の不読者の割合は、小学生と高校生では大きく変わらないものの、中学校では大きな改善傾向がみられる。

　高校での読書指導には大きな格差があり、大学合格や資格取得の成果を目指すような高校では、読書指導は重視されていない状況がみられる。小学校では熱心に読書活動に取組み、読書率の向上に努めている傾向がある。しかし、中学校になるとその数値は下がり、高校ではもっと下がる。高校までの読書指導は、娯楽的な読書を中心に読書に親しむことを目的としたものが多い。高校で探究学習への注目が集まり、調査研究活動における課題解決のための読書もみられようになってきた。この傾向は高等教育にとっては歓迎すべき状況にあるが、高校での読書活動の取組には差がある。

　改善の背景には、1990年代に、児童書市場の衰退に対する危機感から、参議院議員・肥田美代子氏（当時）らが中心となって、出版社や作家を中心とする業界団体とともに、「子どもと本の議員連盟」や「活字と文化議員連盟」が設置され、議員立法によって、2001（平成13）年には、「子どもの読書活動の推進に関する法律」、2005（平成17）年には、「文字・活字文化振興法」が施行された。このことが読書率の改善に大きく影響していると考えられる。[3]

　とりわけ、「子どもの読書活動の推進に関する法律」が施行されて以降、全国の自治体で子どもの読書活動推進計画が策定され、小・中学校、高校での読書活動が進んだ。「朝の読書」は多くの校種で実践されている読書活動の一つである。

また、第6次学校図書館図書整備等5か年計画により、地方交付税による措置がなされた。このほか、学校図書館法の改正による12学級以上の学校での司書教諭の配置が求められた。ただし、学校図書館の教育環境をめぐっては、司書教諭は専任ではなく、担任等を兼務している場合が多く、図書館の業務に専念できる状況にはない。学校司書の配置についても自治体ごとの格差が大きく、十分とはいえない状況が続いている。[4]

　小・中学校と高校の学校教育では読書習慣を身につけるため、読書の楽しみを実感しながら読書習慣を身につけるということに重きが置かれてきた。本の読み方は社会のさまざまな場面と文脈によって異なる。高校では教科や総合的な探究の時間での探究学習が導入され、問い（探究課題）を解決するために文献を読むという研究的な読書のリテラシーが必要とされるようになった。

　大学教育として考えるべきは、いわゆるネット社会の利便性を享受しているZ世代の特徴を捉え、学生と本をつなげていく取組の工夫についてである。高校までの読書指導の成果は、大学での教育には円滑に引き継がれているとはいえない。そもそも大学教育では読書活動とか読書指導という概念は存在しない。本は読んでいて当然ということが前提になっており、大学生の読書指導ということは、あまり話題にならないし、問題にされても来なかった。

　読書については大学として仕切り直しをして、読書率の向上といった単なる数値目標だけを達成するのではなく、高等教育としての読書推進の在り方を模索していくべきである。量的なものではなく、読書の質的向上を目指すことが大切である。その意味において、大学の附属図書館は大きな役割を担っており、さまざまな工夫が求められるのである。

　また、高大接続の観点から、さらには学生を社会に送り出す教育機関という観点からも、高校までの読書指導を引き継ぎつつ、研究のための調査的な読書だけではなく、学生の一人ひとりが読書によって教養を深めたり視野を広げたりしながら、生涯にわたって読書に親しむという姿勢を育てていくことも、大学図書館の役割の一つであると考えている。

2．大学図書館の読書環境デザイン

　実社会では、目的に即して必要な本を選び、複数の本から必要な情報を収集することが多い。また、リスキリングのためにじっくりと実用性の高い本に向き合うこともある。もちろん社会人は本だけではなく、ウェブサイトやSNSからも情報を収集している。

大学生に対して、第1には、メディアを選択的に使い分けるリテラシーを養うことが大切である。具体的には、目的に応じて、選択的に本の読み方を使い分けるスキルである。これに加えて、紙の本と電子書籍、あるいはウェブサイト、新聞の情報も加わる。デジタル・ネイティブは最初の情報源の選択がデジタル情報に偏る傾向があり、他の情報と比較読みする経験が少ない。

　第2には、研究のための調査的・探究的な読書のリテラシーの育成である。図書館ガイダンスでは、情報活用能力に焦点を当て、情報検索の方法についてガイダンスすることが多い。情報活用能力の領域は、大学図書館がカリキュラムと連携しやすく、図書館職員が関与しやすい面がある。とりわけ1、2年次の共通科目のカリキュラムにおいては、高校から大学へのトランジションの役割がある。

　しかし、情報の検索方法や活用方法が中心となりがちであり、調査的・探究的な読書の方法に言及することは余りみられない。この点については、教員に委ねられる面があり、本学図書館では、ゼミごとのガイダンスの中で行なうようにしている。このため、教員とのやりとりを通して、ガイダンスの中身を工夫している。

　このほか、本学図書館では、図書館独自講座「学びのコミュニティ」においても、多くの本を取り上げ、学生の教養を深めたり、視野を広げたりする取組を継続している。例えば、私が実施したのは、「宮沢賢治　利他を生きる」という講座である。賢治の作品は小・中学校や高校の国語教科書に採録され、学生も慣れ親しんでいる。賢治は求道的なイメージが強い。コロナ禍で注目された「利他」という視点から賢治の生涯と作品に迫った。併せて館内には賢治の代表的な作品を別置した。別途、講義の動画を撮影し、学生がいつでも視聴できるようにしている。参加した者には、日本文学科以外の学生も多くみられた。

3．空間とつなげる読書デザインの工夫

　学生の読書推進を図るためによく行われているのは、教員が薦める本の展示である。教員個人による推薦図書のほか、学科ごとの推薦図書を別置で企画展示している。また、新入生向けの入門書をラインナップして展示することも読書推進として挙げられる。学生によるビブリオバトル（書評合戦）や読書会などのイベントの開催も挙げられる。

　本学図書館の読書推進のための読書デザインは次のような考え方に基づいている。

① 学生の興味・関心をできるだけ広げることをめざし、学生がさまざまな本に出会う機会を提供する。
② 学科ごとに入門書から専門書までの一部を配架し、学生にとって学問領域の全体的なイメージを把握しやすいように可視化する。
③ 図書館の独自講座「学びのコミュニティ」やさまざまな文化的なイベントへの参加を通して、専門外の自由で主体的な学びの場を保障し、学生と本とをつなげる。

　本学図書館では１階から４階までのフロアーごとに役割を持たせ、常設の展示コーナーを設置し、多様な読書空間のデザインの構築に努めている。また、本との偶然の出会いを促す多様な空間として位置付けている。

【資料１】 フロアーごとに役割を持たせた空間デザイン

　１階はラーニングコモンズとカフェを併設する「本の街」である。学生、教職員、地域の人びと、地域の生徒が集い、語り合い、学び合うコモン・スペースである。いわば広場のような空間で、静寂にするという縛りは全くない。テーブルや椅子を多数配置し、思い思いに時間を過ごすことができる空間である。ビジュアル系の大型本を展示し、手に取ることができるようになっている。また、新聞を20数紙置いている。新聞は読まれない時代になってきたが、信頼度がある情報資源であり、上階には置かず、１階のように多くのさまざまな人びとが集う空

間こそ、新聞のような社会とつながるメディアを配置するという意味を持たせている。また、著名な絵本を展示している。絵本は全ての世代をつなぐメディアである。絵本は、世代のあいだを断絶させることなく、ゆるやかにつなぐことができる優れたメディアである。学生同士で、親子で、生徒同士で絵本を手に取って、語り合って欲しいという願いを込めた。

【資料2】本の街

2階は、1階のラーニングコモンズを見下ろす「本の路（みち）」が囲んでいる。「本屋大賞」や資格関係などの別置のほか、大型書籍や新聞縮刷版などを配架している。

「本の閃（ひらめき）」は、3階のフロアー全体の名称である。3階全体が多目的な空間として構成されており、フロアーのオープン・スペースには、机と椅子やソファをゆったりと配置している。ここにも書架はあるが、空間の見通しを良くし、圧迫感を防ぐため、あえて配架しない書架もある。

3階のフロアーは、利用者が語り合い、学び合い、集い合うスペースであるが、特に「本の閃」は、本を介してさまざまな「ひらめき」が生まれることを期待している。学生支援担当の部署と連携・協力して、このフロアーで、クラブ・サークル・愛好会の紹介イベントを開催し、学生団体がそれぞれのブースを設置し、2日間にわたって部員の勧誘を行った。コロナ前の日常に戻し、にぎやかな学生の活動を再開した取組でもあった。

本学図書館の独自講座「学びのコミュニティ」はこのスペースで開催されることが多い。参加者ではない学生にも講師の声や学生の質問の声は届く。サイレント・スペースとしなかったのは、さまざまな意味での"にぎやかさ"が生まれることを期待したからでもある。

【資料3】本の閃^{ひらめき}

　3階「本の閃」には、合わせて4箇所の別置による常設展示コーナーを設けている。

　「本の響A　学問のイノベーション」と名付けたコーナーでは、専門領域を超えた横断的・学際的な知見を必要とする社会的な課題をテーマとした。SDGsが多くの社会的な課題を包摂しており、ゴールごとに関連する本を配架している。社会的な課題は常に変化し、また、新たな課題も出てくるため、社会状況を見わたして、定期的にラインナップの一部を変えている。

　このコーナーには、学生に対して、社会に広く関心を持ち、さまざまな社会的な課題に対する知見を深め、当事者意識を持って社会にコミットして欲しいという願いを込めている。

　また、社会的な課題を取り上げているため、同じ関心を持つ市民と学生との接点ともなり得る。

　本学の学びは、社会的な接点が多く、実社会・実生活につながる場面が少なくない。したがって、このコーナーでは、学生と市民がともに学ぶ場となる可能性

がある。学生の発案により、子どもの貧困や被災地支援など、ゼミでの学びの成果物として、ポスター発表などの展示をしており、一般利用者がポスターを見ていることも少なくない。

　本学では、東日本大震災の発災後、速やかに教職員が現地に支援に入り、炊き出しなどを行なった。今日まで東北復興支援に継続して取組んできた。特に南三陸町との関係が強い。地元有志によって「一般社団法人南三陸研修センター」が設立され、2013（平成25）年には、本学の支援により、宿泊研修施設「南三陸まなびの里　いりやど」を建設した。この場所がコミュニティ再生の核となり、学生の学びの場ともなっている。

【資料4】本の響A　学問のイノベーション

　「本の響きB　マンガ＠クールジャパン」と名付けたコーナーでは、「マンガ」を「クールジャパン」を象徴する日本の文化として位置付けたコーナーである。

　1960年代を代表する漫画雑誌『ガロ』に掲載された白土三平『カムイ伝』やつげ義春『ねじ式』などをはじめとする時代を切り拓いた作品群や、最近の漫画、ボーイズ・ラブ（BL）作品、英訳された漫画も取り揃えている。本学に特徴的なものとして仏教漫画も取り揃えている。

　本学が立地する豊島区内には、区立トキワ荘マンガミュージアム（東京都豊島区南長崎3-9-22)があり、いずれ連携した取組を展開したいと考え、PRコーナーを設置している。

週刊漫画雑誌は部数を減らしている。漫画は読まないが、アニメは見るという学生もみられる。したがって、アニメ化された作品も積極的に収集していく必要がある。

　本学には表現学部があり、クリエイティブな活動に関心を持つ学生は少なくない。漫画から学ぶことはけっして小さくはないだろう。このコーナーには、ヒット作だけではなく、戦後、漫画家たちが営々と産み出してきた数多くの名作に触れてもらい、マンガの文化を次世代へと継承していって欲しいという願いを込めている。

　文化というものは、それ自体が多くを語ることのない寡黙な営みである。作品に命を吹き込むのは読者である。埋もれかけた作品にも光を当て、再評価も促していきたいと考えている。

【資料5】本の響B　マンガ@クールジャパン

「本の響C　本の道しるべ」と名付けたコーナーでは、学科ごとに、入門書から専門書までを段階的に並べている。専門ごとの内容を本のラインナップによって「見える化」させた。系統性を持たせるというよりも、学問の世界を俯瞰できるようにした。もちろん、どのレベルの本から手にとっても構わないし、学生には所属する学科以外の本を手に取って欲しいと考えている。

　このコーナーには、学科の学びへのハードルを低くし、スタートを入門的な地点から始めて、学問のさらに奥まった世界へと徐々に導いていきたいという願い

を込めている。さらに専門的に学びたい学生には、書架を探索して欲しいと考えている。もちろん、一般の人びとや高校生にとっても、学問の世界へと誘うための入口として機能して欲しいと考えている。

【資料6】本の響C　本の道しるべ

【資料7】本の響D　文学者　江藤淳・考古学者　斎藤忠の書斎

「本の響D　文学者・江藤淳　考古学者・斎藤忠の書斎」と名付けたコーナーでは、高書架に囲まれた書斎を思わせるような狭いスペースに長机と椅子を配置している。書斎にいるときのような落ち着いた空間を演出しているため、この場所を好んで利用する学生も多い。

　江藤淳氏は慶應義塾大学退職後、本学で教鞭をとった。亡くなられた後、著作権継承者の姪の方から、全ての氏の蔵書と原稿やノート、メモなどを寄贈いただいた。書庫で厳重に管理しているが、蔵書の一部をこのコーナーに配架している。

　また、本学で長く教鞭をとった考古学者の斎藤忠氏の蔵書も預かり受け、その一部を展示している。いずれは2人の業績を改めて広く社会に発信するような企画展を図書館内で開催したいと考えている。

【資料8】本の森

　4階「本の森」は、フロアー全体の空間を書架が囲み、あたかも本の森のように深淵な空間となっている。1階から3階までのフロアーとは性格を区別し、ここでは声をあげて話すことを禁じている。話すことを禁じているのは、沈黙の中で自我を没入させ続けない限りは、学問という森の最奥部には少しも到達することはできないからである。

　本というものは奥深く、分け入れば分け入るほど、その深さを知る。人間の叡智が営々と築き上げてきた知の森に分け入ってもらい、ここに座する者は、少しでも学問の深さに到達したいと願い、日々やってきては、格闘を重ねる。その静

かな営みを見守る空間には静寂だけが横たわっているのである。

卒業論文に取組む学生や大学院生の利用が多くみられる。本とともに時の経つのも忘れて、研究や読書に没入して欲しいという願いをこの空間に込めた。

4．読書環境のアクセシビリティを高める

DX（Digital Transformation）を活用した読書推進を構想している。DX による大学図書館サービスの充実は、学生だけではなく、地域の多様な人びとの情報資源へのアクセシビリティの向上をもたらす。例えば、オープン以来継続してきた図書館独自講座「学びのコミュニティ」の多くを動画化し、デジタル・アーカイブから動画を自由に視聴できるようにすることや、電子書籍、雑誌のサブスクリプションの導入など、電子化の推進である。DX は情報のアクセシビリティを向上させる。

読書バリアフリー法に基づいた読書環境づくりは、合理的配慮が求められる図書館という施設にとって欠かせない視点となる。例えば、文字を読むのが苦手な人を対象とした本に LL ブックがある。LL ブックコーナーの設置を通して、"ゆるやか„ に「人と本との関係性」を構築していくことも大切である。

図書館に行きたくても行けない事情のある人びとは少なくない。DX によって多くのことがオンラインでできるようになる一方で、情報格差も生み出す。情報格差にさらされ、恩恵を受けにくい人たちが多く出てしまう。この対応として、デジタル化された情報資源へのアクセシビリティを高めるため、学生や市民ボランティアの力を導入することが考えられる。DX をより良くしていくためには、どうしても人の力を必要とする。

また、地域の小・中学校や高校等との連携も視野に入れている。すでに本学図書館では、中・高生の職場体験を受け入れているが、情報資源の提供での連携では、電子書籍の活用が考えられる。学校図書館は予算的に厳しい面かあるため、十分な図書がない学校も多い。税収増が大きくは期待できない中では、限られた予算の効率的な配分が求められる。とりわけ高校での探究学習では、生徒は探究課題の解決のために学術書が必要となる場合も少なくない。

これからは、ネットワーク環境を活用しながら、地域の公共図書館と大学図書館がコンソーシアムを構築し、それぞれの強みを活かして地域や小・中学校、高校、特別支援学校を支援していくことができれば、優れた読書環境を地域社会の中に実現することへとつながる。

このようなコンソーシアム化の知見は、学術研究分野においても、オープンア

クセスに基づいた電子ジャーナルの共同運用という面にも活かせるに違いない。

5．おわりに

　本学図書館が提供する開かれた読書環境づくりは、社会の多様な人びとの間をめぐりめぐって、やがて大学教育に実践知として還元される。大学図書館の情報資源を社会と協働させ、連携させていくためには、公共図書館をはじめとした公的機関がお互いの弱みではなく、それぞれの強みをより一層強化していくことが求められる。大学図書館もまた地域の中にある社会的な資源の一つに他ならない。

　本学図書館の強みは、創立以来続く約100年にわたる「開かれた大学」という伝統と文化を基盤としている。

　本学図書館が創出する取組は、変化の激しい時代にあって、地味で目立つことなく、またきわめて細々としたものかもしれない。しかし、大学図書館として、人口減少社会の中で、学生、教職員、地域の子どもたちや大人たちをつなげていく文化的な営みへの努力を少しでも継続していくことは、未来への微かな投資となるに違いない。

【注】

1　学校読書調査の結果は、公益社団法人全国学校図書館協議会のウェブサイトで公開されている。[https://www.j-sla.or.jp/material/research/dokusyotyousa.html]（2023年7月7日閲覧）なお、第66回調査までは、全国学校図書館協議会、毎日新聞社の共催で実施し、第67回調査は、全国学校図書館協議会が実施した。

2　前掲1．

3　飯田一史『「若者の読書離れ」というウソ　中高生はどのくらい、どんな本を読んでいるのか』，平凡社新書，2023年．

4　学校司書の社会的地位の向上については、公益財団法人文字・活字文化推進機構（会長・河村建夫前衆議院議員・学校図書館議員連盟顧問、理事長・山口寿一日本新聞協会理事・読売新聞グループ本社代表取締役社長）が取組んでいる。2023（令和5）年5月27日に、同機構と公益社団法人全国学校図書館協議会と大正大学が共催し、シンポジウム「学校司書の社会的地位の向上をめざして」を開催した。本学の地域構想研究所長・片山善博教授による基調講演とシンポジウムを行ない、筆者も登壇した。なお、シンポジウムの模様は大正大学公式YouTubeチャンネルで動画配信している。

2 図書館ガイダンスによる
学修支援活動

1．はじめに

（1）ガイダンスの趣旨とねらい

　高校までの授業は主に教科書を使用した学びであるが、大学の講義では教科書として出版されている物ではなく、講義の内容に特化した専門書を利用することが多く、必要であれば、専門書に書かれている内容を自らさらに詳しく、また書かれていない内容でも自主的に調べ、学ぶ必要がある。この自ら調べ、学ぶ力は生涯にわたり役に立つ力になると信じている。アカデミック・スキルはテーマの設定から情報の収集、結論を出すまでの一連のプロセスであり、大学での学びには必要となるスキルである。

　附属図書館では学生へのアカデミック・スキル育成に力を入れており、授業を対象にした「図書館活用ガイダンス」（以下、ガイダンス）やオンラインを活用し、共通・教養科目内で全1年次を対象にガイダンスを実施している。コロナ禍を機に実施方法や内容を変化させ、学生の学びを支援する取組を行っている。

　附属図書館では授業向けに「ガイダンス」を提供している。高校時代に積極的に学校図書館を利用していた学生もいるが、大学に入学した学生の中には資料の探し方で戸惑ってしまう学生もいる。大学では入学後、所属する学部学科の専門的な学びに触れる機会があり、自分で調べなければならない状況も多い、また、自ら意欲的に調べたり学んだりする姿勢も必要になる。自ら興味・関心を持ったことを「もっと調べてみよう」と思ったとき、大学生の身近にあるのが附属図書館である。

　附属図書館が学生へガイダンスを通じて果たす役割は、情報へたどり着く方法、情報の使い方、アカデミック・スキル教育である。大学では授業の課題やレポート作成などで、附属図書館を利用する必要性が中学校、高校での生活に比べると増える。そこで、大学生として、自ら学ぶために利用する施設のひとつである図書館の活用方法をガイダンスで伝えるのが図書館の役割のひとつである。学生の

学びの中心が大学での授業と考えると、附属図書館は学生に対して学びの支援を
する重要な役割を担っていると考えることができる。

　附属図書館が主体となるガイダンスでは、決まったことを毎回同じように話す
のではなく、各授業の要望や学生の理解度を考え、学生がひとつでも「新しいこ
とを知ることができた」と思ってもらえるように実施している。

　Ｚ世代はスマートフォンやPCを使用しインターネットで検索することで済ま
せることが多いが、授業の課題などでレポート等にまとめる際、資料が必要にな
ることがほとんどである。自ら意欲的に学びたいと思い図書館を利用しようとし
ても、資料の探し方がわからないと調べることを諦めてしまうだろう。情報活用
の方法を身につけ、正確な情報を収集し選択することができるにようになること
で、今後の大学生活、または社会に出てからもそのスキルを活かせることになる。
附属図書館が提供する図書館活用ガイダンスの趣旨とねらいはここにある。

（２）オンラインでも実施可能なデジタルを活用したガイダンス
　2019年までのガイダンスは対面での実施が通常であり、それ以外の実施方法
は想定していなかった。しかし、2020年のコロナ禍の影響で学生の大学への入
構が困難な状況になり、対面での実施が難しくなった。急遽、大学全体でオンラ
インでの授業実施となった。教員からは附属図書館へガイダンスの要望が出てい
た。2020年、本学ではオンライン授業ためにZoomやTeamsなどのオンライン・
ミーティング・ツールを導入したため、図書館活用ガイダンスもオンラインで開
催することとした。オンラインでガイダンスを初めて実施した2020年はオンラ
インに対応したガイダンス実施ツールがなかったため、急遽以下のようにオンラ
インで実施した。

・附属図書館でオンライン・ミーティング・ツールにアクセスするための
　IDを設定し、教員を経由して学生に共有
・OPACの説明などPCの画面に表示できるものはオンライン・ミーティン
　グ・ツールの画面共有機能を使用し説明
・画面の共有が必要なくなった際、共有設定を解除し、職員の顔が映るよう
　にして、説明を続けるを繰り返して実施

　しかし、webサイト画面を共有しながらのガイダンスは画面の切り替えが頻
繁に必要となり、担当する職員は画面の向こうで学生が見えている画面を常に意

識しつつ、学生の理解度を確認し進める必要があり、さまざまなことに気を配りながら実施していた。そこで附属図書館では担当職員がガイダンス実施に集中できるように可能な限りオンラインガイダンスで画面切替を不要にするためにはどのようにすればよいかを検討した。検討した結果、説明で使用する画面を全てプレゼンテーションソフト（PowerPoint）に掲載し、スライドを使用して学生に説明することにした。結果として、ガイダンスの実施に集中することができるようになった。また、ガイダンスで使用する画面をプレゼンテーションソフトにまとめることにより学生は各自でPCを操作し、同じ内容を自ら実施することもできるようになった。

　オンラインでのガイダンスでは学生は必ず、スマートフォンやPCが手元にあるため、端末を使用し、その場で体験し覚えることが可能になった。2019年までは学生1人が必ず1台のPCを持っている状態ではなかったため、コロナ禍以降、PCを操作し、体験する学びが飛躍的に進むことになった。

２．希望にそった内容で実施可能な仕組みづくり

（１）教員からのガイダンス希望内容の収集と実施

　主にガイダンスは学部の1～4年次のゼミ単位で教員から依頼を受けて実施する。可能な限りガイダンスはゼミの内容に合ったものにしていきたいと考え、教員から附属図書館への希望を収取し、ゼミごとに適した内容で実施していくことにした。そこで担当者で検討を行った。まず、現在用意しているガイダンスの内容を項目別に細分化し、推奨学年を設定した。その後、オンラインでも対面でも実施可能にするため、データを見直し、要望のあったガイダンスの内容で組み立てることができるようにした。結果、希望するプログラムを教員が選択し、オリジナルの内容で実施できる形を作ることができた。

（２）学年にあったプログラムの用意

　ガイダンスとして用意しているプログラムはOPACの利用方法、論文検索方法など多岐にわたる。先にも述べたようにガイダンスの希望をいただいた学生全員に同じ説明をするのではなく、教員が希望する内容を実施している。その際、ゼミの学科や学年も重要になる。学科や学年によって使用する内容やデータベースツールが異なってくるからである。また、ゼミによって学科や学年によって指導をしている教員が求めるものが異なる。

　そのため、附属図書館で用意しているガイダンスプログラム一覧に「推奨学年」

という項目をつけ、各学年別にプログラムに加えた方が良いと思われる項目がわかるようにした。例えば、OPACを利用しての資料検索方法は1年次推奨としている。学年により、求められる力が異なると考え、ゼミの限られた時間の中で学生に詳しく知ってもらえるための取組として設定している。推奨学年の項目を設定するとき、今までのガイダンスで学年別に教員から求められていた内容を再度確認し、推奨学年の設定を行った。以下はガイダンスで提供しているツール一覧である。

【資料1】ガイダンスの内容ごとの推奨学年

プログラム名	推奨学年（年次）
図書館見学ツアー	1年
図書館の概要説明	1年
OPAC検索方法・実際に検索	1年、2年
論文検索方法・実際に検索	1年～3年
データベース活用	1年～3年
他の図書館との連携サービス （図書間からの資料貸与、他図書館の紹介状発行）	1年～4年

（3）オンラインガイダンスのためのコンテンツ作成と使用

　オンラインでガイダンスを実施するに当たって、内容をどのように伝え、どのような資料を提示するのが学生にとって良いのかを検討するところからスタートした。

　オンラインによるガイダンスでは、対面で実施するときのように、図書館の本を手に取ること、館内を歩くことができないため、オンラインでも可能な限り対面と同じ内容や環境を維持できるように心がけた。

　対面で実施していた時の内容を再度確認し、必要な内容か他の方法でも伝えることができるかを再確認し、可能な限りプレゼンテーション資料としてデータにした。具体的には本学の図書館で所蔵している資料の探し方を説明する際、OPACで検索する時の一動作ごとに画面コピーを用意した。画面コピーを用意することにより、プレゼンテーション資料を見れば、実際にwebで検索した場合、どのように画面が移り替わるのかを分かるようにした。これにより、極力画面の切り替えなしで、ガイダンスを実施することが可能になった。さらに画面の切り替えが少なくなったことにより、オンライン視聴でも理解しやすいようになった。2020年はオンラインのみでガイダンスを実施していたが、2021年、2022年と徐々にオンラインと対面併用のガイダンスへ移行するに当たり、コンテンツの内容も徐々に更新している。

（４）約1,200名の入学生への学生へのガイダンスの実施

　本学の附属図書館では、学部１年次の共通・教養科目の対面授業においても、オンラインを活用した図書館ガイダンスを実施している。

　本学は１学年に約1,200名在席している。１〜２年次の共通・教養科目では、必修科目として「人間の探究」「社会の探究」「自然の探究」「データサイエンス」「総合英語」「リーダーシップ」があり、全員がこれらの科目を必ず履修している。各科目は時間割が固定されているため、教室の定員の関係上、科目ごとに複数クラスに分け、それぞれのクラスに担当の教員がつき、授業を実施している。

　2022年４月に図書館は「社会の探究」を受講している学生に対して、授業内で一斉に図書館の利用ガイダンスを実施した。共通・教養科目の授業内で全１年次生に対し図書館ガイダンスを実施するのは初である。全１年次生に対して初年次の共通・教養科目の図書館職員がガイダンスを実施できたのは、本学の組織内にある「トランジション教育チーム」の存在が大きい。

　学修支援を担当する部署内の「トランジション教育チーム」は前期共通・教養科目（第Ⅰ類科目）カリキュラム運営を担っている他、チューターの養成および運用、１年次学生の全員面談をはじめとした正課外の学修支援などを行っており、学生の多様な学びと自律的な成長をサポートしている。

　以上４点などを行い、学生の多様な学びと自立的な成長をサポートしている。

【資料２】大正大学が目指す学びの構造

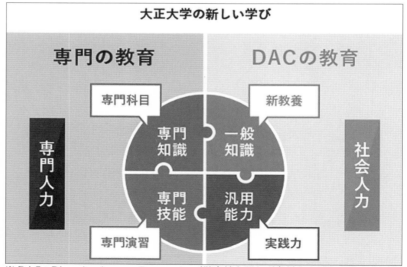

※ DAC：Diversity Agency Community（学内外を問わず多様な人びとが学ぶ共同体）

【資料３】 　１年次の共通・教養科目の例　社会の探究Ⅰ　※シラバスの説明より引用

開講科目名／Course 時間割コード／Course Code	社会の探究Ⅰ（社会の課題を見いだすA）[QT1] NA035
〜	
授業の目的 ／Class Objectives	現代の世界は、将来の予測が難しいVUCAの時代と呼ばれています。このような時代に生きる私たちは、どのような「力」を磨いていくことが必要でしょうか。社会の探究では、変動が激しい社会を生き抜くために必要となる「力」について、仲間と協働しながら自ら探究して身につけることを目的としています。
〜	

　共通・教養科目内で図書館職員によるガイダンス実施が可能となった経緯を説明する。附属図書館の説明は以前より共通・教養科目内で行っていたが、同時間に複数教室で行われる授業に図書館職員が出向くことが困難だったため、事前に共通・教養科目担当教員へ内容を伝え、教員より学生に説明していた。

　2020年からオンラインが急速に普及し、多くのことがオンラインで実施されるようになった。図書館の説明に関しても、複数教室をオンラインでつなぎ、図書館職員が同時に説明することが可能となった。

3．取組の特徴や工夫

（1）webフォームを活用した希望の収集

　先にも述べた通り、ガイダンス実施に当たっては、学年や学科によって内容が異なるため、教員が希望する内容や要望を正確に収集し、ガイダンスに反映をさせる必要がある。附属図書館では、教員からの要望の収集にwebフォームを使用している。2019年まではメールで個別に連絡を受けていたが、効率よくゼミ単位の要望に合ったガイダンスを実施するためには附属図書館で提供するガイダンスコンテンツを明確に提示し、教員に選んでもらう必要があった。また、webフォームを使用することで、情報が整理され、申込状況の集計を行いやすくなった。集計が行いやすくなったことで、改善点や要望もデータから把握しやすくなった。

　webフォームの使用は申込を受ける側、申込をする側双方にメリットがあり、自動で情報が整理されるという点でも今後大いに活用する余地があり、他にも流用できる可能性を秘めている。

（2）今までの経験値とガイダンス内容をもとにしたプログラムの用意

　附属図書館で実施するガイダンスなどはアカデミック・スキルを中心に附属図書館から学生へのメッセージである。学生に知っておいてほしい内容をまとめたものである。現在のガイダンス内容は今までのガイダンスで培った経験値が集まってものになっており、資料の検索方法をはじめ論文検索やデータベースの使用方法など細かくわかれ、組み合わせて実施ができるようにしている。半期ごとにガイダンスの実施内容や申込者数、希望の多い内容を担当者間で振返り、検証、改善、改善点の反映をしている。一歩一歩確実に授業内容に沿った、学生の学びの一端になることを意識しプログラムを用意、検証、改善を行い、ガイダンスを提供している。

（3）オンラインでも附属図書館を身近に感じるコンテンツ作成と公開

　2020年、完全なオンライン授業のなかで、どのようにすれば附属図書館を身近に感じてもらうことができるかを当日の同じ部署だったメンバーと考えた。同年は自由に来校ができる状態ではなく、附属図書館と学生が疎遠になってしまったような感覚があったからである。

　しかし、「附属図書館にどんどん来てください！」というような状態でもなかった。そこで、オンラインでの附属図書館見学ツアーを開催し、参加希望者に附属図書館の情報を発信した。実施した結果、参加者から好評だったため、後日改めて附属図書館見学ツアーのオンデマンド配信用のコンテンツを作成し、学生が自由に見れるようにした。この附属図書館見学ツアー動画が図書館として１つめのオンデマンド配信用コンテンツになった。

　附属図書館はコロナ禍でオンラインコンテンツ、デジタル機器に関しての経験値を得ることができた。附属図書館がオンラインコンテンツを発信することで、希望すればいつでも附属図書館の情報を得ること、附属図書館を身近に感じることができるようになる。現在は授業も対面で行われているため、2020年、2021年に比べると飛躍的に来館者数が増えている。来館できるようになったからといって、オンラインのコンテンツ制作を止めるのでなく、さらに増やしていく予定である。

　オンラインでコンテンツを常時提供することで、来館しても、来館しなくても常に身近に身近に附属図書館を感じてもらえる環境を作り上げていくことが利用促進、第３の居場所（サードプレイス）につながってくると考えている。

（4）学科の専門性を理解した職員によるガイダンスの実現

　学科の専門性を理解したスタッフによる学科に特化したガイダンスが実施できたら素敵である。附属図書館のスタッフが授業の時間内でガイダンスを実施するということは常に授業の内容に沿った形で実施する必要がある。ではどのようにすれば、授業内容に沿った形で実施できるか考えたとき、学科の専門性を理解したスタッフによるガイダンスを提供することになる。

　ここでいう専門性とは学科からキーワードを収集し、その内容を含んだ内容のガイダンスを実施するのみでなく、さらに一歩踏み込み、各学科、学科の教員が研究している専門分野、ゼミのテーマを把握したスタッフが専門書を紹介しながら専門的な学びの支援することである。専門性を理解し、活用しながら検索方法など、多岐にわたり、学科、ゼミに連動した内容でガイダンスが実施できるようにしたい。

　実現のためにはまず、スタッフが学内の教育資源に興味・関心を持つことが重要になると考える。附属図書館内にとどまらず、大学全体の教育活動に目を向け、自ら調べる、聞く、考える、を繰り返すことで、力を養い、学生に還元することができる。

（5）デジタルコンテンツを活用した「理解できる」ガイダンスの実現

　資料を用意しての対面でのガイダンスやオンデマンド配信のガイダンスのみでなく、専門スタッフが実施するガイダンスの中にデジタルコンテンツを入れることでより理解度が深まるガイダンスの構築を目指していく。まず、「対面でのガイダンス」と「オンデマンド配信」の各メリットについて考えていきたい。「対面でのガイダンス」はその場の雰囲気や理解度を確認しながら実施できるという点である。必要に応じて重点的に説明することや時間配分も柔軟に対応することができる。

　さらに学生とのコミュニケーションも生むことができ、附属図書館を身近に感じてもらうことも可能である。では、「オンデマンド配信」はどうだろうか。まず、コンテンツが配信されている限りはインターネットにつながっていれば、時と場所を選ばずに何度でも視聴することが可能である。

　理解するまで何度でも視聴することもできる。これが一番の利点である。オンデマンドの利点は対面のガイダンスはその場限りになってしまうというデメリットの部分を補完することが可能である。オンデマンド配信で使用する「動画」をデジタルコンテンツと捉えると、このいつでもどこでも視聴が可能になる点は学生にとっては非常に良いと想定することができる。対面とデジタルの良いところ

をどのように合わせれば新しい価値や学生の理解度につなげることができるかを考える必要がある。

　先にも述べたように対面での実施の最大のメリットは「理解度や雰囲気を確認しながら実施」できる点である。このメリットを生かしながらデジタルを活用することで、常に理解度の把握やクイズ形式での理解度チェックを行うことも可能である。他にもさまざまなアイディアや方法がある。同じ図書館のスタッフでも視点や考え方も違うため、さまざまな視点からデジタルを活用した学生の理解度向上を意識することで今まで想像もしなかったようなことが実現可能になる。

　ここ数年での飛躍的なデジタル化を途絶えさすことなく、新たな価値を創造し、学生に提供していきたい。

（6）情報リテラシー教育の実現
　SNS などオンラインでの情報発信が盛んになっている。情勢を踏まえ、附属図書館で情報化を推進する一環として、情報リテラシー教育についても考える必要がある。情報化が進みさまざまな情報をインターネット経由で取得、また、発信することも可能になっている。インターネット経由での情報取得と発信は方法や使い方を誤るとトラブルにつながってしまう可能性もある。例えば、大学生の身近な例でいえば、インターネットで取得した情報を使おうとしたとき、信頼できる情報なのか、使用しても良い情報なのかなど、さまざまな点がある。また、SNS を利用すればだれでも自由に情報を発信することが可能になり、視聴回数や閲覧を意識しすぎて、気づかないうちに違法なことをしているということにもなりかねない。注意が必要である。

　スマートフォンやタブレットなどで情報を収集し、活用する際は使い方を誤らないようにすることが重要になる。

　2020 年、オンラインでの授業が行われたことも影響し、1 人 1 台 PC を持っている学生の数が今までより増えた。図書館内を見回しても本を広げつつパソコンを広げている学生が大多数である。「情報通信機器を使用できるリテラシー」のみではなく、「ルールやマナーのリテラシー」も重要になってくる。

　図書館は本、映像メディア、電子等、さまざまなコンテンツを扱っている。そこには制作された方の権利も付いている。附属図書館内のさまざまなコンテンツまたインターネットを通じて取得したコンテンツの使用や発信についても今後、附属図書館から積極的に発信していきたいと考える。情報に関するリテラシーは大学生活、社会に出てから必ず必要になる知識であるため、附属図書館として積極的に学生教育に携わっていきたいと考える。

（7）パスファインダーのデジタルコンテンツ化

　本学では学科、学びのコースごとにパスファインダー「探し方ナビ」の情報を提供している。大学で学ぶ時は講義で学ぶ以外にも自ら積極的に学ぶ方法もある。自ら学ぶ際、関心を持ったことを調べることも学ぶ一つである。その際、自分の所属している学科での学びを自分で調べられるようにと図書館ではオリジナルのパスファインダーを公開している。本学の附属図書館では以下の流れでオリジナルのパスファインダーを作成している。

① 　本学内部の委員会「図書館運営委員会」に属している教員へパスファインダー制作の協力を依頼する。
② 　各学科から集まった情報をとりまとめ、掲載されている書籍やwebページを一覧にしてwebで学生に公開できるようにする。
③ 　学科から集まった情報の書籍を一か所に集め、利用可能にする。

　情報をwebで公開することでいつでも情報を閲覧することが可能になり、図書館内のコーナーで資料を手に取ることができる。大学生の学びの支援をする図書館として、パスファインダーは重要なコンテンツの必要になっている。

4．成果と課題

（1）成果
① 　ガイダンス内容の共通化

　附属図書館として、学生へガイダンスを実施する際、気を付けなければいけない点として、「内容の共通化」をあげることができる。多いときは1日に3〜4件のガイダンス依頼がある。授業時間内で実施している関係もあり、1回のガイダンスで必要となる平均時間は60〜90分であり、1名の職員では対応が困難である。

　そのため、常に複数名で行っている。その際、対応する者によって同じガイダンスでも話の重要なポイントが大きくずれてしまうのは問題だと考えた。そこで、ガイダンスで提示する資料を詳細に作り、説明するポイントを作成し、対応者によって内容のばらつきがあまり発生しないようにすることを実現した。授業の進捗や学年によって希望されるプログラムは異なってくるため、教員の要望に沿った内容で誰が実施しても重要なポイントが大きくずれることなく、発信を可能にしている。また、ガイダンスの申込を自動で受け付けることができるwebフォー

ムを取り入れたことにより、単純で附属図書館職員が入る必要がない部分を自動化し、附属図書館職員の経験や知識が必要な部分に注力できるようにする一助にすることができた。

② 時と場所を選ばないコンテンツ視聴が可能な体制の実現

　2020 年以降、附属図書館も含めて全学的にさまざまなサービスのオンライン化が進んだ。どうすればオンライン化でサービス提供ができるかを検討し、短期間で実現をしてきた。先に述べた申込のオンライン化もその一つである。コンテンツのオンライン化も成果の一つである。2020 年以前は附属図書館で提供しているガイダンスなど動画を公開用として保持しておらず、また附属図書館の利用法についても年度始めのガイダンスで学生全体に説明し、後は質問があれば回答をするという流れになっていた。

　しかし 2020 年以降、今まで対面で伝えていた内容をオンライン化することで学生は場所を問わず、いつでもどこでも視聴が可能になり、必要な時に利用することが可能になった。附属図書館として常に情報を発信し、学生に必要な時に必要な情報を得られるようにすることができた。

（2）課題
① 学科に特化したガイダンス内容の準備と実施

　2023 年度以降、ガイダンスをより良いものにするためにガイダンスを実施する学科や学年、ゼミで扱っている内容をより盛り込み、学科の学びに沿った内容でのガイダンス実施に取組んでいきたい。

　現在のガイダンスはゼミ単位で担当の教員から申込を受ける際、用意する他に要望があれば受付けている。例えば、OPAC の説明で資料検索を行う際、キーワードとして上げてほしい言葉などである。学科やゼミ、学年によって取り上げている内容が異なるため、学んでいる内容に可能な限り沿ったキーワードを上げることで、学生が検索をイメージしやすいようにするためである。他にも要望があればガイダンス内で受け付けている。

　さらに、ガイダンスを実施しながら、もっと学科や学年、ゼミに沿った内容を入れることができないか検討している。さらに沿った内容を入れることで学生は今まで以上に所属学科の学びとのつながりを意識しながらガイダンスを受講することができるようになる。附属図書館として、学生の授業に常に沿った内容を提供することは大学全体での学びの支援に貢献することにつながる。

② 時期に合った内容の提供

　いま、学生が必要としている情報はなにかを意識し、学生が必要なタイミングで必要となる情報を得ることができるきっかけを作ることが重要である。

　現在実施しているガイダンスも前期（1、2年次）と後期（3、4年次）ではプログラムの内容を少し変えている。例えば、前期は附属図書館を知ってもらう、親しんでもらうために附属図書館の見学ツアーや概要説明をプログラムに入れているが後期は削除し、アカデミック・スキルを中心にプログラム提供を行っている。

　時期と提供する内容については今までの実績からある程度想定することが可能であり、今後も継続して実施した内容を蓄積することにより、さらに学生に合った内容を提供していく。

5．今後に向けて

（1）デジタル・コンテンツ化の推進

　附属図書館では今後もコンテンツのデジタル化を推進していく。デジタル形式でのコンテンツを制作、発信していくことは、インターネットを通じてアクセスした方に最新の情報を提供することができる、いつでもどこでもアクセスすることができるなど、多くのメリットがある。

　従来印刷したもの、対面でその場限りで伝えていたことをデジタル化することで、利用の制約がなくなると共に、情報の蓄積も容易に可能になる。

　Ｚ世代と言われている今の大学生世代は情報通信端末の操作に長けているとともに、さまざまなコンテンツを利用し、短時間で必要な情報を収集することが可能である。デジタルコンテンツに慣れた世代に合わせ、情報を提供することで、大学生の学びの支援をこれからも行っていく。また、今後は大学生のみでなく、希望する方にコンテンツの提供を行っていきたい。デジタルコンテンツを制作、提供することは学内外問わず、情報にアクセスすることが可能になる。本学は「地域に根差した大学」を目指しており、その一環としても図書館では学びにつながるコンテンツを地域に提供していきたいと考えている。コンテンツのデジタル化はさまざまな可能性を秘めており、今後も積極的に取組んでいきたい。

（2）附属図書館職員の一層の研修

　大学生を中心にガイダンスの実施や学内外にコンテンツの提供をするためには職員も常に学び、新しい情報を得続けなければならない。

学内で大学生を対象にガイダンスを実施する際は附属図書館として伝えないことだけでなく、本学が学生に提供しているカリキュラムの理解及び教員の研究領域の理解、学科で取り上げている内容を把握、理解し、カリキュラムに沿った情報を学生に提供しなければならない。学生の学びの現状と図書館で提供している内容が離れないようにすることは必須である。「教員が用意するシラバスの内容」、「学生の卒業論文論題」、「大学教育の最新動向」を知っておく必要がある。まず、「教員が用意するシラバスの内容」であるが、シラバスの中には科目ごとの到達目標や取り扱う内容、教科書など、さまざまな情報が集約されている。学生が学んでいる内容に沿った情報を提供するためには非常に有益な情報源となる。

　次に「学生の卒業論文論題」である。4年間の学びの集大成として作り上げるのが卒業論文や卒業制作である。学生が決める卒業論文、卒業制作のテーマは4年間の学びの中から出したものである。そのため、論題一覧は学生が学びの中で関心を持った一覧であるともいえる。附属図書館として提供するコンテンツは学生の学びに沿っていないとならないため、学生の関心を知ることは図書館スタッフとして必要になる。最後に「大学教育の最新動向」である。大学教育は常に変化しており、自ら最新動向を得ようとしない限り、附属図書館スタッフが持っている情報を更新することはできない。附属図書館スタッフが持っている情報が古いと学生に最新の情報を伝えることも困難になる。

　以上のように、図書館スタッフは学生の学びに影響を与えているということに誇りを持ち、常に学び続けることが必要になる。新しいサービスや学びの機会を提供する附属図書館を作り上げるためには、図書館スタッフの学びや研究の機会が必須になる。

3 図書館独自講座 "学びのコミュニティ„による学修機会の充実

1."学びのコミュニティ„企画

（1）企画の背景と検討

　図書館がある棟は建設構想当時から"総合学修支援施設„として位置づけられており、ラーニングコモンズを管轄する学修支援の部署と図書館が内在している2020（令和2）年11月にオープンしたが、その学修支援機能を2つの部署で共同で学内外にアピールする必要性があった。折しもコロナ禍で、この年度の前半は大学は基本的にオンライン授業であった。後半はオンラインと共に対面授業も一部開講したが、大半の学生は通学せず、図書館・ラーニングコモンズ共にほぼ学生の影はなかった。

　学生への学修支援、そしてコロナ禍でのコミュニケーション不足も懸念し、図書館と学修支援の部署により「学びのコミュニティ」という独自の課外講座が立案された。

　学修支援の部署とは、大正大学の建学の理念，教育ビジョン及び運営ビジョンを具現化するために2020（令和2）年に作られた組織である。学生の多様な学びと自立的な成長をサポートする部署としてチューターが活躍している。このチューターについては、「大正大学チューター養成プログラム」を受けた者が採用される。第I類科目（共通・教養科目）の授業には、教員のほか、コアチューター及び複数のクラスチューターが付きサポートする。そのほか授業時間外も、面談や質問対応など多岐に渡りチューターは学生の学びに関わっている。

　「学びのコミュニティ」の運営については、それぞれの部が役割を持ちつつ共同で運営することを前提に、内容が検討された。目的は大学の中期マスタープランに掲げている「学び続ける人を育てる」こととし、また大学の目指している「知識集約型社会に資する人材育成」に貢献するものと位置づけた。またこの講座におけるそれぞれの部の役割について、学修支援の部署は「一人ひとりの学生の学修計画・将来ビジョンの支援」、また図書館は「資料の利活用」と共に「学生のサー

ドプレイスになること、分野にとらわれない学修機会を提供すること」を役割とし、総じて学生の主体的な学びへ繋がるものとして全体像を作成し共有した。

【資料1】2021（令和3）年度　学びのコミュニティ全体像

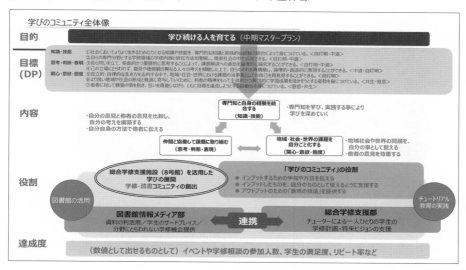

（2）企画の検討と準備

「学びのコミュニティ」のイベント企画・検討、発信、準備、実施については
それぞれの部で検討の上、月1回の定例ミーティングにて情報を共有し、意見交
換を行いながら進行させた。オンラインツールも大いに活用し、必要な際は打ち
合わせも重ねた。また、共通で実施するアンケート事項を検討し、アンケート実
施後の振り返りを行った。広報については、毎月のチラシは共同で作成し、学修
システムを用いた学生への発信なども月ごとに分担し運用した。講座は図書館と
学修を支援する部署のそれぞれで実施するもののほか、共同で実施するものも企
画した。職員もどういった講座を開催できるか、現在も企画検討が続いている。

2020（令和2）年度は、オンラインでの参加を主流とし企画するものも多くあっ
たが、次第に授業も対面中心になり、学びのコミュニティもオンライン併用もし
くは対面での実施へと変わっていった。講座内容にも変化が表れ、学生自身の実
施を伴うものも企画されるようになっていった。

図書館の開催講座については、年間計画を作成し月のテーマにそった展開を検
討した。2022（令和2）年度は学科の教員に協力を仰ぎ、専門性の高い講座を中
心に開講した。学生が自分の所属学科の領域に捕らわれない、自由な学びの機会
を得ることを意識した。教員にはまず「学びのコミュニティ」の趣旨を説明し、

協力可能な教員には職員が企画した案を提示し、共に実際の内容について検討した。特に所蔵資料も用いた講座内容になる場合は早めの資料準備が必要であった。

２．さまざま企画の実施

（１）企画紹介

　2022（令和４）年度の実施講座数25回のうち、図書館の実施数は17回であった。講座は開講期を中心に開催している。年度始め、また夏休み明けには学修支援の部署との共同の講座を企画した。年度始めの共同講座は総合学修支援施設としてのサポートの存在と学びのコミュニティの存在を学生に周知するために、また夏休み明けの講座は学生が秋以降の学期で学ぶ際に資料やデータベースを有効に活用し、より深く学修するために企画立案した。

【資料２】2022（令和４）年度学びのコミュニティ

日程	講座	担当	講師
４月21日	図書館職員、学修支援チューターとの新入生座談会	図書館・学修支援の部署	図書館職員・チューター
４月22日	図書館職員、学修支援チューターとの新入生座談会	図書館・学修支援の部署	図書館職員・チューター
４月28日	ポストコロナ社会と支え合い・扶け合い―宮沢賢治に学ぶ「利他」―	図書館	教育人間学科教員
５月18日	本の力を引き出そう～閃きから答えを導こう～	図書館・学修支援の部署	図書館職員・チューター
５月24日	就職課×図書館「就職活動に役立つ！？図書館の活用法」	図書館	就職課職員
６月29日	日本人にとって「みたま」「魂」「霊」とは？	図書館	仏教学科教員
６月30日	ZENKOJI History	図書館	歴史学科教員
７月８日	データベース使い方 guide（データベースの種類・調べ方・活用方法）	図書館・学修支援の部署	図書館職員・チューター
７月14日	疑問解決！参考文献リスト作成の流儀	学修支援の部署	チューター
７月19日	ジャニーズから考えるエンターテインメント	図書館	表現文化学科教員

7月21日	夜の図書館講座 近世怪異文学の系譜〜"恐怖"は どこからやってくる？〜	図書館	日本文学科 教員
9月15日	コミュ力UP！ 〜あなたに合った会話の仕方を 見つけてみませんか〜	学修支援の部署	チューター
10月14日	みんなどうしてる？ 上手な時間の使い方	学修支援の部署	チューター
10月19日	Google Earthで行こう！ 巨大古墳と戦国城下町	図書館	歴史学科教員
10月26日	調べるのは本当にWEBだけで 良いの？？　様々なツールを 用いた情報検索講座	図書館・ 学修支援の部署	図書館職員・ チューター
10月27日	みんなどうしてる？ 上手な時間の使い方	学修支援の部署	チューター
11月11日	萩原朔太郎のオノマトペ	図書館	表現文化学科 客員教授
11月24日	コミュ力UP！ 〜あなたに合った会話の仕方を 見つけてみませんか〜	学修支援の部署	チューター
11月25日	大河ドラマからみる権力闘争の歴史 〜鎌倉殿の13人を題材に〜	図書館	歴史学科教員
11月29日	児童虐待防止 「オレンジリボン運動」を考える	図書館	社会福祉学科 教員
12月21日	古典的映画に対する想い	図書館	仏教学科教員
12月23日	【1年生対象】 「自然の探究」レポート相談	学修支援の部署	チューター
1月12日	【1年生対象】 「自然の探究」レポート相談	学修支援の部署	チューター
1月13日	【1年生対象】 「自然の探究」レポート相談	学修支援の部署	チューター
1月24日	古典的名画への誘い　パートⅡ	図書館	仏教学科教員

【資料3】ポスター1

【資料4】ポスター2

（2）講座紹介

　図書館での講座を紹介する。

講座①
日本人にとって「みたま」「魂」「霊」とは？

　「盆踊り」、これはもともと仏教と深く関係する行事である。しかしながら浴衣を着て楽しく参加するイメージが一般的である。学生は「盆踊り」の由来を知っているだろうか。ぜひこの機会に「盆踊り」について学んでほしいと言う考えで企画した講座であった。

　大正大学の盆踊り（御霊まつり）は、大正大学巣鴨キャンパスを会場として戦前より断続的に実施され、1970 年代には 1 万人を超える来場者があったそうである。その後長らく途絶えていたが、2011（平成 23）年に東日本大震災の追悼イベントとして「鴨台盆踊り」が開催されるようになった。現在は地域住民の参加も多数で、夏の恒例行事となっている。

　講座は、震災以降盆踊りの実行を担ってきた本学仏教学科教員に講師を依頼した。この日は教員も、また企画を進めた職員も浴衣姿となり、場の雰囲気を盛り上げた。

　講座には盆踊りの企画学生も参加し、教員の「盆踊りの意味・由来」、「魂」についての講義を聞き、

【写真1】講座①　講義の様子

盆踊りを大正大学で行っている意義を改めて感じる時間となった。

　例年盆踊りは西巣鴨のキャンパス内で賑やかに開催されていたが、2020（令和２）年度と2021（令和３）年度はコロナ禍のためにオンラインで各地をつなぎ、踊りを共有する形になっていた。そのため参加したことがない学生も多数いたが、この講座により学生に盆踊りの参加を促すきっかけになったと考える。

講座②
ジャニーズから考えるエンターテインメント

　今までにない学びのコミュニティ企画を検討する中、文化、情報・メディア、芸術を研究分野とする表現文化学科の教員より「ジャニーズ」というテーマが発案された。教員からの働きかけにより、企画内容の検討や進行をほとんど表現文化学科の学生が担って進めることになった。

　講座では教員がジャニーズファンが費やす金額の具体例をあげるなど経済効果の話があり、その後ジャニーズファンである学生達からの発表が行われた。学生はそれぞれファンであるグループを取り上げ、エンターテインメントビジネスにおける魅力をキャラクター設定や照明、音響、衣装の視点から検討してきており、会場でプレゼンテーションを行った。発表する学生のそれぞれの想いもあり、公式の映像を交えて語るなど工夫を凝らしており、熱の入ったプレゼンテーションであった。その内容に、参加の学生からも共感する声が多くあがった。

　この講座はキャッチーなテーマの効果もあり、多くの学生の申し込みがあった。講座終了後も自然と学生同士の交流があり、学びと共に普段接点のない学科の学生同士のつながりも生まれた講座であった。

講座③
夜の図書館講座　近世怪異文学の系譜　～“恐怖”はどこからやってくる？～

　いつも開催する時間と会場を変え、「夜の図書館」という独特の雰囲気を利用した講座を企画できないか─そんなきっかけで生まれた講座である。

　夜の図書館の静かな環境、また季節的にも夏であったことから「怖い」ものを取り上げることを発想し、怪異文学の講座を企画した。場所は図書館と同じ建物内にある礼拝ホールを使用し、周囲の照明は消して蠟燭（LED仕様の蠟燭型の照明道具）を立てるなど、学生にもちょっとしたドキドキ感を味わってもらい、講座への興味が増すように準備した。

　講座は日本文学科の教員に登壇してもらい、近世怪異文学を取り上げた講義をお願いした。怪異文学の紹介、そして文学で「なぜ恐怖を感じるか」の解説、怪

異が流行した背景など文学を専門的に深く掘り下げる内容に学生も熱心に聞き入っていた。 日本文学科以外でも文学好きな学生、また怪異文学という言葉に惹かれた学生もいたのか、講座の反響は大きかった。当日の講座は、他の日本文学科、また仏教学科の教員にも興味を示してもらえた。仏教学科の教員が自ら講座に関

【写真2】講座③　掛軸の閲覧

連する資料として地獄絵の掛軸を用意し、講座終了後はそれを広げ解説するなど、複数の教員の協力もあり、学生により深い学びを提供することができた。

講座④
Google Earth で行こう！　巨大古墳と戦国城下町

　近年はコロナ禍により、日本国内でも旅行が大変難しい状況であった。その中、個人でも Google Earth を使用し旅行の疑似体験を楽しむ方法が取り上げられるなど、Web を使用した楽しみも広がってきた。

　学生もこの数年、ゼミ合宿をはじめとした旅行になかなかいけない状況であり、学びの機会とすると共に、疑似旅行を楽しんでほしいという思いがこの企画にはあった。

　講座は歴史学科の教員にお願いし、古墳と戦国城下町を中心に解説してもらった。日本全国を飛び回りつつ、ポイントではストリートビュー機能を使用し地上に降りた形で散策を楽しんだ。例えば前方後円墳の場合、空から全体像を確認し、その後地上で周囲を回るなど、Google Earth を使用することでより理解を深めることができた。実際に現地に行った際にはなかなか全容を見ることができないため、学生には新たな学び方・楽しみ方を提供できたと思う。また教員は史跡紹介のほか、最寄り駅を紹介するなどよりリアリティのある話を展開してくれ、大いに盛

【写真3】講座④　オンライン配信

り上がった。

　この企画は学生の Web 参加も募り、学生からは好評を得ることができた。

講座⑤
児童虐待防止「オレンジリボン運動」を考える

　本学の社会福祉学科は、長年に渡り児童虐待防止運動の取組を行っている。

　この運動のシンボルとなるのがオレンジリボンであり、毎年 11 月は児童虐待防止推進月間としてオレンジリボン運動の PR を行っている。図書館でも関連本の展示を行うなど例年この運動を取り上げてきたが、今回は教員学生の協力のもと、講座として企画した。

　児童虐待を知ってもらうことが前提であるが、虐待は意図せず自分が加害者になってしまう可能性もある。加害者になる前に拠り所があることを知ってほしいこと、また虐待の可能性が疑われる場面に遭遇した場合、どのような対応を取ればよいかを知ってほしいなど、この講座に期待することは多かった。この講座には、学生に自分にも身近な問題であると知ってほしいという期待を込めた。

　講座では社会福祉学科の教員による児童虐待の現状、オレンジリボン活動について紹介があった。また、実際にオレンジリボン活動をしている学生による発表が複数行われた。学生は自作したポスターを用いて熱心に発表を続けてくれた。実話も交えた内容は、初めてオレンジリボン活動を知る学生にとっても印象に残る内容であったと思われる。この講座は館内展示と連動させ、学生が参加して考えたオレンジリボンコーナーを設置し、その紹介も行った。この講座がきっかけとなり、より深い学びになるように企画した。

【写真４】講座⑤　学生の発表

【写真５】講座⑤　学生参加の展示

（3）学生への反響、感想

　学生の参加人数は、2021（令和 3 ）年度と 2022（令和 4 ）年度を比較するに、約 2 倍以上となった。図書館主催の講座実施回数が 2021（令和 3 ）年度は 21 回（学修支援の部署と合同開催含む）、2022 年度は 17 回であり、 1 回あたりの学生の参加率が上がったことが分かる。学生には講座終了後にアンケートへの協力を依頼し、講座を知ったきっかけや参加の満足度を質問した。

　満足度でのアンケート回答者の平均値は 5.00 満点のうち 4.48 であった。また「参加して良かった点」については「新しい発見を得た」と感じる学生が多く、これは教員の専門的な講座に、学科を問わず参加できたことが大きいのではないかと考える。この講座を通じ、学生は想像以上に学びに期待していること、興味を持っていることが分かった。学びのコミュニティの目的である「学び続ける人を育てる」「知識集約型社会に資する人材育成」に向かって進んでいることを学修支援の部署と図書館のミーティングで確認した。また図書館としても普段の図書の貸し出しや展示への反応では計り知れない学生の関心に触れることができ、今後の講座開催への期待を、これらアンケートから見ることができた。

【資料 5 】2022（令和 4 ）年度参加者アンケート結果（一部）　参加して良かった点

A	学修に役立った	65
B	スキルが身についた	22
C	新しい発見があった	110
D	学生同士で交流ができた	33
E	教職員と交流ができた	21
F	8号館を利用するきっかけになった	17
G	その他	11

3 ．図書館の「学びのコミュニティ」実施経験を経ての検討、及び課題

（1）ウィズコロナの体制へ

　学びのコミュニティ実施当初から現在まで、コロナ禍の状況は変化してきた。当初はオンライン受講が中心であったものが、次第に対面での講座にスタイルが

代わってきた。しかし今後ウィズコロナ、また講座の発展性のためにも、オンライン受講の併用を進めていくべきと考える。今回、「Google Earth で行こう！巨大古墳と戦国城下町」の講座ではオンライン・対面の両方の受講者を募った。学生からは、開催日に授業がなく大学に行く予定がない場合でも受講できて良いという感想があった。講座内容によっては対面が主になる場合も考えられるが、オンラインを活用することは学生が気軽に受講するきっかけになる。オンラインでも実施できるように講座内容を工夫していくことも必要である。

（2）企画内容の変化（教員との連携）
　当初、学びのコミュニティの企画は職員によるものが大半を占めていた。例えばその中の一つが「読書会」で、あるテーマに基づき、職員による本の紹介を行い、かつ参加者にもテーマにあっていると思う本を持ち寄ってもらう企画であった。しかしながら準備における職員の負担も大きく、学生に関心のあるテーマをピックアップするのはなかなか難しかった。また普段の業務も行いつつ、学生の学びになる講座内容を企画することに職員も悩み、検討に時間を費やした。そこで、講座の中でも好評であった教員の行う講座を中心に、図書館の講座を展開する方向で検討を進めた。
　教員も授業で多忙であり、教員の負担が大きくならないように講座の相談には注意を払った。教員がこれまで外部機関やその他学科内で実施した講座やイベントの内容を再度利用またアレンジして講座を実施することは、教員と職員のお互いの負担軽減にとても有効であった。

（3）教員の講座を展開するために
　教員に図書館の取組への協力を依頼するには、どういう働きかけをしていくのが有効であるか。

①　日頃から図書館に協力的な教員を先駆けとする
　最初は図書館を何かと気にかけてくれる、また図書館をよく活用している教員に話を持ち掛け、講座の相談を行った。その教員が講座を了解してくれて、実際に講座を行った後は、その実施の話をもとに同じ学科の教員に話を持ち掛けるなど、徐々にその範囲を広げていった。複数の実績が出てくると、他の学科の教員にも話を持っていきやすく、講座の開催内容も広がっていった。但し、教員が興味を持ってくれたもののスケジュールが合わないことも多々あるので、年間の講座を立案し、早めに教員に図ることが必要である。かつ教員の所属する学科のシ

ラバス、イベントスケジュールをチェックしておき、実施時期を検討しておくことも重要である。

② 教員の所属学科以外の学生が興味を持っていることをアピールする

　教員は学生が学びに意欲を持っていることを知ると、特にその内容が自分の研究分野に関することである場合、非常に関心と使命感を持ってくれる。日頃教員の受け持っている授業内容が教員の研究分野であるとは限らず、案外学生はその研究内容を聞く機会は少ない。学びのコミュニティの講座は、教員が自分の研究分野を学内でアピールする機会を設けることができる。講座は自分の所属学科の学生もさることながら、他学科の学生も集まる機会となる。このように、興味のある学生が受講する機会であることを教員に伝えることが大事である。

　そして学生にとって自分の所属学科の学領域以外の学びを得る機会は、2年次以降少なくなる。学びのコミュニティを始めた頃、学生の集客が良くない企画が多々あった。当初は参加のハードルを下げようと図書館データベースの使い方などのガイダンス的講座や、テーマに添った読書会などを企画したが、一定の学生の参加のみであった。次第に分かってきたのが、専門的な内容の講座に興味を持つ学生が一定層いることである。自分の所属学科以外の専門的な講座を手軽に受けることができる、また自分の学んでいる学領域であっても授業以外の特別な講座を受けることができるのは、学生にとって魅力的なことと思われる。

　実際に教員による学びのコミュニティ講座実施により、所属学科以外の教員と学生のつながりが生まれる場合もある。学生と教員の両方にメリットが生じ、まさに学びのコミュニティの目指す学修支援につながるものと考える。

③ 教員の実施しやすい講座内容を検討する

　教員も授業と研究に追われ、職員も図書館の通常業務を行いながらの開催である。時期によってはガイダンス、他のイベント対応に追われる中、お互いに効率の良い実施方法を検討していくことが求められる。前述したが、教員が外部機関で講義したことがある内容、オープンキャンパスで行った模擬授業の内容を把握し、その内容で講座内容を教員に提案して話を進めていくと実施が具体化しやすい。教員は新たな資料作成などの負担が軽減され、実際の講座のイメージがしやすくなる。教員が講座実施に何か要望がある場合は、その要望をなるべく取り入れ準備を進めていく必要がある。

　また講座を通じ教員との関係が構築され、教員の趣味の内容で講座開催の相談があり、実際に映画の講座を実施した。講座には映画好きな学生が集まり、教員

も大変熱意をもって対応してくれた。今後そういった教員の興味関心に目を向けた企画立案も、講座の内容の幅を広げていくために有効である。

4．図書館の「学びのコミュニティ」今後の展開について

（1）学生の学領域にとらわれない学びの機会提供を推進

　今後も、学生に新たな学びの機会を提供するため、講座の企画・検討を進めていく。実施していると、つい集客が多かった講座内容に類似した内容を検討したくなるが、学生が新たな興味を持つような企画をしていかなければならない。学生が授業以外、自分の所属学科の学領域以外の学びを得る機会を提供すると言うことが、図書館だからできる講座のメリットと考える。

（2）教員との関係の構築

　より多くの教員に協力依頼し、今後講座内容を多岐に渡って展開していくためには、教員の協力が必要不可欠である。開催前の宣伝を行いつつ、実施後の学内での報告も必要である。教員の協力を周知し、その他教員にも学びのコミュニティの周知、さらなる協力のための図書館からのアピールを行っていかなければならない。教員は、その教員の研究分野に関わる内容での講座を行う機会に、関心を持ち前向きに聞いてくれることが多い。都合があわないこともあるが、その場合は別の機会に開催できるよう検討するべきである。

（3）デジタルアーカイブの構築

　現在学びのコミュニティは学生への学びを中心に展開しているが、これから大学はリカレント教育、またリスキリングへの対応が求められていく。学びのコミュニティの講座は、今後のリカレント教育・リスキリングにつなげることが可能と考える。そのために、まず実施している講座を録画し外部公開を行うデジタルアーカイブ化を検討している。アーカイブを構築することで、学生も外部の方も手軽に講座を視聴することが可能となる。この配信は高校生の大学選びにも一役買うと思われる。またその先として、講座に外部からの参加を受け付けることも考えられる。図書館の講座として、発展性を持って企画実施へと取組んでゆくことが必要である。

4 PRコンテンツの制作と利用機会の促進

1．はじめに

（1）附属図書館利用者を増やす館内の取組

　2021（令和3）年3月に公表された独立行政法人国立青少年教育振興機構による「子どもの頃の読書活動の効果に関する調査研究」によれば、全世代（20代〜60代）の1か月に読む本（マンガや雑誌を含まない紙媒体）の量は、0冊が50％前後を占めた。

　以上の結果から本学の附属図書館でも大学生の読書推進の対策をする必要があると考えている。とはいっても、いきなり本をたくさん読むようになるというのは難しく、何かしらのきっかけが必要になってくると考えている。

　大正大学附属図書館は2020（令和2）年9月に新しい建物8号館に移設をした。8号館は総合学修支援施設として新設され、1階にはラーニングコモンズやCaféがあり、2階から4階が附属図書館になっている建物である。新型コロナウイルス感染症が拡大しなければ9月から学生は新しい建物で学修をスタートさせるはずであったが、やむなく大学で入校制限およびオンライン授業開講のため、多くの学生が来館する状況にはならなかった。

　館内では、学生を中心に来館者の読書のきっかけになるとともに社会の動きに合わせた内容で定期的に別置による企画展示を行なっている。企画展示は附属図書館内で実施しており、来館しない学生に気づいてもらうことはできない。そこで、来館者を増やし、企画展示をはじめとした館内のさまざまな情報に接して欲しいと考え、館外に発信する情報伝達の方法・内容を工夫し、いくつかの取組を実施している。

（2）短くまとめたPRコンテンツの必要性

　大学生に対して大学生活で必要になる情報は自ら取りに行くように伝えても相手にそのねらいは十分には伝わらない。「自ら情報をとってください」と伝え

るだけでなく、「情報を受信する側」が受け取りやすい方法を考え、「情報を発信（提供する）側」が提供する必要がある。

　学生には簡潔にまとめた短時間の動画によって情報を発信する方法が効果的である。大学生はＺ世代と呼ばれている年代の学生である。全員とまではいわないが、SNSなどを日常的に活用している年代であり、短時間の動画や断片的なコンテンツへの親和性が高い。そのようなコンテンツから情報を収集することに慣れており、また、デジタル・デバイスの扱いにも慣れている。このような世代の特徴に合わせ、対応することは非常に重要であると考える。

（3）第3の居場所（サードプレイス）としての附属図書館の役割

　本学の附属図書館は「本を読むところ」「勉強するところ」に加え「第3の居場所（サードプレイス）」としての機能を持たせている。そこには、「特に用事がなくても附属図書館に入ってきて欲しい」という私たち職員の思いや願いがある。

　2020年に拡大した新型コロナウイルスの影響で2020年度入学の大学生は大学に入学して突然オンライン授業になってしまった。通常であれば対面で授業に出席し、クラブやサークル活動に励み、直接新しい友人と出会い自分の居場所を見つけていくはずであったが、来校できない状況が続いた。このような状況から大学に居場所を見つけられない学生も一定数いるのではないかと考え、見やすいコンテンツ、附属図書館を近くに感じ、親しみを持てるようなPRコンテンツの制作を進めた。PRコンテンツをきっかけに附属図書館を訪ねてもらい、その後、附属図書館を自分の居場所の一つにし、近くに本のある環境で過ごしてもらいたいと考えた。

2．館外への情報発信と入館のきっかけ

（1）図書館紹介動画、利用案内動画の作成と発信

　コロナ禍をきっかけにして、WEB見学ツアーでは動画ではなく、ライブ配信で実施することとした。その目的は次の2点である。

　①　自分たちの大学の新しい附属図書館を知ってもらうこと
　②　オンライン上で学生が相互につながるきっかけをつくること

　WEB見学ツアーでは、学生と附属図書館をZoomでつないだLIVE形式で実施した。なお、WEB見学ツアーの後には、参加した学生と座談会形式の情報交

換を実施した。2020年度の実施においては、参加者は入学式がなかったことも
あり、オリエンテーション期間に附属図書館を紹介できる機会もなかったことも
影響したのか、1年次の参加が多かった。さまざまな学科の学生が参加した。

【資料1】オンラインで開催した図書館見学開催までの流れ

1．企画段階
・オンラインでの図書館見学会を開催する意味をメンバーで整理
・実施プログラムの作成
・WEB見学ツアーとセットで、オンライン座談会を開催することを決定
・学内のポータルサイトを通じ参加者の募集
・実施で使用する機材の準備
・説明と館内ルートの簡易なシナリオを作成
・館内ルートを設定し、Zoomをつないでリハーサルを実施

2．実施当日
・参加申込をしている学生の出欠確認
・事前に決めて置いたルートに沿って説明を実施
・WEB見学ツアーの後、座談会形式の情報交換を実施
・職員が司会し、職員と学生の自己紹介、トピックを決めて情報交換を実施

自撮り棒、マイクとイヤホンを装
着し、館内を歩きながら、説明し、
ライブ配信を実施した。
　これをきっかけに、ライブ配信だ
けではなく、多くのPRコンテンツ
を制作することとなった。

【写真1】ライブ配信のスタイル

（2）チューターを通じた学生へのチャット配信
　本学では大学入学以降、生涯にわたって自ら主体的に学び続ける資質・能力を
育成することを目的に、1年次の共通・教養科目を中心に、チュートリアル教育

を行っている。

　1年次の共通・教養科目（自然の探究、社会の探究、人間の探究などの探究科目等）は、学科の教員と連携しながら、学修支援を担当する部署が担い、所属の教員とチューターが連携して行っている。また、学科ごとに複数のチューターを配置し、グループを構成して、一人ひとりに対してもきめ細かな指導に当たっている。

　同部署所属の教員とチューターは、次のような本学におけるチュートリアル教育の目的を達成するため、日々の教育活動に熱心に取組んでいる。本学の教育の大きな特色である。

①　大学の創設理念や歴史、教育の特色やカリキュラムの構造などの理解を通して、本学の教育への親しみを持たせるとともに、本学で学ぶことへの誇りを持たせ、大学生活への継続的な意欲を引き出すこと【自校史教育の視点】
②　4年間の学生生活のイメージを持たせ、主体的に学ぶことの意味を考えることを促すとともに、自己の在り方生き方を考えさせることや、卒業後はもとより生涯を見通した自己の将来像を持たせること【キャリア教育の視点】
③　一人ひとりの学びを支援し、高校から大学への接続を円滑にするとともに、大学での学び方や学びの技法（アカデミック・スキル）などの汎用的な能力を身につけ、大学の学びへの順応を図り、主体的な学習姿勢を定着させること【学修支援の視点】

具体的なチューターの仕事は、次の通りである。

①　学生一人ひとりの学びと成長を支える総合学修支援者として学修への取組の状況を把握すること
②　授業内で授業者である教員とともに、学生への指導・支援を行うこと
③　業時間外にも個人面談を通して、一人ひとりの学生の学修面と生活面にアドバイスを行うこと

　チューターは、附属図書館1階にあるラーニングコモンズで授業時間帯や放課後に常駐しており、常に学生からの質問を受けることができるようになっている。共通・教養科目やアントレプレナーシップ科目は、ラーニングコモンズで行わ

れることが多く、学生にとっても親しみやすい場所となっている。

　なお、チューターは新入生全員の個人面談も実施し、学科の教員と情報を共有している。

　2020年以降、コロナ禍の影響もあり、オンライン上で学生とコミュニケーションを取ることが増え、チューターもまた学生とはチャットやメールを通じたつながりを持てている。

　附属図書館と学修支援を担当する部署所属の教員とチューターが密に連携することにより、カリキュラムと一体となって、情報を提供することができる。

　なお、学修支援を担当する部署所属の教員とチューターは図書館が独自に開催している「学びのコミュニティ」においても、講座の企画段階から協議を重ねたり、講師として参加してもらったりするなど、協働的な取組を進めている。

（3）附属図書館でのクラブ・サークル紹介イベントの開催

　何よりもまずは学生が附属図書館を訪れるきっかけをつくる必要があった。先述したように附属図書館は2020年8月に新しい建物8号館に一部を移設し、大幅に施設規模と機能が拡大した。

　第3の居場所（サードプレイス）としての図書館機能を充実し、多くの学生に利用してもらうためには、前例にとらわれることなく、学生の教育に資する活動を行うことが大切である。そこで、2021年5月には、附属図書館内で、学生のクラブ・サークル紹介のイベントを開催した。クラブ・サークル活動支援を行う学生の支援を担当する部門（以下、学生支援部）と共同で企画し、実施した。

　2020年の新型コロナウイルス感染症拡大の影響を受け、学生のクラブ・サークル活動も以前のように自由に活動ができなくなっていた。また、多くの学生が集まる機会を極力制限していたため、新しいメンバーを募集する勧誘の機会もない状態になっていた。学生支援部の学生のクラブ・サークル活動の支援をしたいという思い、学生には充実した学生生活を送って欲しい、図書館施設を学生に活用して欲しいという思いや願いを具現化したものといって良いだろう。図書館以外の部署との「横断的な連携」がとても大切である。

　このクラブ・サークル紹介のイベントは図書館の中にブースを複数設営し、参加したクラブ・サークルの学生が常駐し、来館した学生に対して紹介した。

　本イベントを通じ、図書館は本を読む、勉強をする以外にも活用させる施設であると認識する学生が増えることを期待している。

（4）SNS の利用開始

　学生、教職員、地域、他大学の図書館に向けて、附属図書館の情報をよりきめ細かく発信するためには、大学全体のホームページの一部に開設されている附属図書館のホームページを利用する方法もあった。

　しかし、学生は図書検索以外に図書館のホームページを訪問することは少ない。このため、きめ細かな情報発信には、Twitter（現在の X）を使用している。

　Twitter 使用を決めるに当たっては、年代別で登録者数の多い SNS 情報や学内で学生対象に実施しているアンケートを参考にした。

　附属図書館初となる SNS を開設した結果、学生を中心とした多くの学内外からフォローの申請をいただくことができ、徐々にフォロー数が伸びていった。

　附属図書館の Twitter アカウントを認知いただくことにより、附属図書館から発信したい情報を素早く届ける、また情報を知りたい方が情報を取得しやすい環境を整えることができた。

【資料２】大正大学附属図書館【公式】Twitter アカウントで発信している主な内容

・開館スケジュール等の利用案内
・「学びのコミュニティ」（独自講座）案内
・附属図書館が提供するサービス案内
・企画展示（別置）の案内
・館内の様子　など

3．取組の特徴や工夫

（1）世代に合わせた情報発信

　コンテンツの制作に当たっては、見てもらえるようにするための工夫が大切である。また、世代によっても情報収集の方法や利用するツールも大きく異なる。附属図書館が情報を提供する大きなターゲットは大学生である。大学生に最適な方法とツールでの発信を検討した。時期や世代を見て、情報発信の方法も柔軟に変えていく必要がある。

（2）見てもらえるツールと内容の検討

　情報発信に当たっては、附属図書館が発信しやすいものではなく、学生の立場

に立ってツールと内容を検討することが大切である。2020年からのコロナ禍においては、大学全体で入構制限をしており、附属図書館の地域開放はしていなかったため、コロナ禍以前に対面で伝えていた内容を動画として制作するという方針を決定した。ただ動画にするだけではなく、制作する動画は可能な限り短くし、簡潔にまとめることによって、見ていて飽きないように工夫した。大学全体でも動画を用いて学生に情報を発信する方針が出されたため、附属図書館でも制作した動画を視聴可能にするシステムにアップロードし、公開することができた。

　動画は折を見て必要な部分を更新した。必要な時にすぐ視聴できるよう、動画掲載ページのURLを二次元コードに変換した。

　動画は蓄積しておくアーカイブのシステム構築を工夫しつつ、それぞれの動画に利用者がダイレクトにアクセスできるように二次元コードを作成した。二次元コードは、附属図書館からのお知らせのメールなどの電子情報だけではなく、館内にも掲示するようにした。例えば、OPACの検索方法をまとめた動画であれば、OPACを使用できる検索端末の横に置くなど、動画での説明が必要な場所に掲示した。

（3）学内の教職員の協力を得るための学内広報の重要性
　附属図書館のポータルサイトを使っての学生への通知のみではなく、学内のさまざまな教職員から、それぞれのつながりがある学生へ情報を伝えてもらうことも重要である。

　例えば、附属図書館と学修支援を担当する部署主催の独自講座「学びのコミュニティ」は、附属図書館からの案内のみではなく、講座を担当する教員から授業などで直接伝えてもらったり、教員の所属学科を通じて学科所属の学生にメール送信やポスター掲示をしたりするなどにより、周知してもらうように努めた。

　次頁のアンケートによれば、講座を知ったきっかけは、「学内のポータルサイトの案内」、「友達から聞いた」に続いて、「先生から聞いた」の回答結果が高くなっている。教員から講座があることを直接知ることで、参加を考える学生が増えると考えられる。このことからも、学内でのPRの工夫はとても大切であることが分かる。

　また、教職員から学生に話をしてもらうためには、取組の趣旨や内容を理解してもらうことも大切である。附属図書館では学生への直接の広報に加えて、学内の協力を得るため、今後も学内での広報を積極的に行っていくこととしている。

【資料3】2022年度学びのコミュニティ講座に関するアンケート　講座を知ったきっかけ

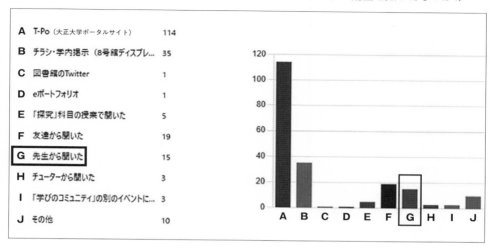

A	T-Po (大正大学ポータルサイト)	114
B	チラシ・学内掲示（8号館ディスプレ…	35
C	図書館のTwitter	1
D	eポートフォリオ	1
E	「探究」科目の授業で聞いた	5
F	友達から聞いた	19
G	先生から聞いた	15
H	チューターから聞いた	3
I	「学びのコミュニティ」の別のイベントに…	3
J	その他	10

（4）学生から附属図書館へ「居場所」の提案と実現への準備

　先述したように、附属図書館は第3の居場所（サードプレイス）として提供したいと考えている。

　本学の表現学部に所属する学生が、授業を通じて作成した附属図書館への場所提供に関する提案を受ける機会があった。提案の中には「くつろぎ空間」というキーワードがあった。

　提案を聞き、学生は大学に「くつろぐ空間」を求めていることがわかった。学生の分析によると、背景として、通学に時間がかかる学生が休息できる空間が学内には必要であるとあった。多くの学生が利用する附属図書館であるため、学生の要望を可能な限り取り入れ、反映させていく必要がある。

　今後、附属図書館では学生からの要望をきめ細かく把握するように努め、その実現に向けて動いていく計画である。

4．成果と課題

（1）成果

　PRコンテンツとして動画の使用が選択肢に入ってきた動画は、短時間であっても的確に情報を掴むことができるメディアである。イベントや多くのコンテンツを作成し、学生が視聴できるように発信できたことは大きな成果である。今後も継続して実施していくことにより、今の世代に合った情報提供ができると考えている。

（2）課題

　2020 年以降オンライン中心での情報発信を行っているが、情報はツールを使用し、また、適したタイミングで発信する難しさがある。情報を次々に発信することも重要であるが、情報を必要としている者に確実に届くようにすることはもとより、情報の質を高めることが重要になる。

　附属図書館に限らず学内ではポスト・コロナにおいては、多くの教育活動に関わる講座やイベントが実施されることになるだろう。

　企画段階から、情報発信の目的、対象を明確にするとともに、写真や動画、キャッチ・コピーや文章をいっそう工夫することによって、PR の効果は変化するだろう。図書館の利用促進のために、メディアの特性に応じた情報発信の方法も選択していくことが求められる。

5．今後に向けて

（1）学外にも開かれた附属図書館を目指して

　本学はさまざまな地域貢献、社会連携活動を行っている。コロナ禍以前は地域住民も気軽に入構できる環境、雰囲気があった。附属図書館も例外ではない。コロナ禍以前も地域住民が使える附属図書館ではあった。大学の附属図書館は知の拠点であり、多くの方に学びの場や機会を提供できると考えている。

（2）情報へのアクセシビリティの保障と向上を目指して

　高度な情報化が進み、インターネットや AI を通じた情報取得のハードルは下がっている。インターネットで検索さえできれば、何らかの手がかりを見つけることができる。また、質問サイトでは投稿すればすぐに回答してくれる。

　しかし、だれもがインターネットを使うことができるわけではない。附属図書館には多くの書籍、データベース、インターネット設備があり、資料探しを支援するレファレンス・サービスもある。

　格差社会の中で、情報へのアクセシビリティを高めることは、よりよく生きるために欠かせないことであり、情報化が加速する今、さまざまな媒体から正しい情報を取得することは重要である。学びに関する情報を提供する身近な場所として、開かれた図書館があることはとても大切である。

5　高大連携の取組
―高校への積極的な学習支援―

1．はじめに

　2018 年に中央教育審議会から出された「2040 年に向けた高等教育のグランドデザイン（答申）」では、初等中等教育について『よりよい学校教育を通じてよりよい社会を創るという目標を学校と社会とが共有し、それぞれの学校において、必要な教育内容をどのように学び、どのような資質・能力を身に付けられるようにするのかを明確にしながら、社会との連携・協働によりその実現を図っていくという「社会に開かれた教育課程」を目指すべき理念として位置付けることとしている。』とあり、高等教育への学びの再構築についても、その必要性が明示されている。本学の 8 号館は、初等中等教育の課程を終えた一人ひとりが、大学の学びへとスムーズに移向し、少しずつ自分自身を成長させていってもらいたいという想いが込められた建物でもある。

【写真 1】大正大学附属図書館（8 号館）

2．実施の背景

　本学と東京都立赤羽北桜高等学校（以下、赤羽北桜高校）は、2020 年 10 月 30 日に「教育・カリキュラム連携に関する協定」を締結した。この協定は、大正大学を活用した事業をおこなうことで専門性を高め、大学進学への目的を明確にしてもらうとともに、大学進学後の自己の在り方や生き方に関する意識も高め、大学と都立高校などの教育及び研究の充実、発展を図ることを目的としている。

本学はスクールズ - ユニバーシティ・パートナーシップ・プロジェクト（以下、S-U.P.P）を設け、全国の高等学校とさまざまな形で連携を進めている。

　本章で紹介するこの取組は、同校の1期生が「総合的な探究の時間」で探究学習を実施するにあたり、その動機づけとして本学が指導依頼を受けたところから始まる。8号館がオープンした2020年11月は、新型コロナウイルスの感染拡大時期とちょうど重なり、開放できない状態が続いた。長期間にわたり、図書館を閉館せざるを得ない前代未聞の事態で、「正解」がわからず、非常に心苦しい時期だった。そんな矢先の依頼だったことも起因し、外部向け（とりわけ高校に対して）のモデルプランを確立すべく、新たな試みに挑もうと決意した。実施にあたっては、本学の第一類科目をまとめている部署とともに検討し、赤羽北桜高校との窓口となってもらった。当該部署は、大学の学びへの接続、自校の理解、アカデミックスキルの習得、キャリア教育の4つを柱として支援する部署である。

3．オンライン活用によるガイダンス

（1）はじめての試み　―令和3年度の取組―

　令和3年度は社会的情勢に鑑み、赤羽北桜高校とのやり取りのほとんどをメールやオンライン会議でおこなった。今回は「図書館に親しみを持ち、本と出会う楽しさや嬉しさを体感・実感してほしい」という私たちの思いを大きな軸として、職員間で検討を進めてきた。スライド資料の示し方や説明方法、生徒が積極的に授業に参加する（＝巻き込む）ための動機づけなど、職員自身が楽しみながら教材を作成するように努めた。

　当初は2021年5月7日と14日の2週にわけて、対面を前提とした実施計画を立てていた。大まかに方向性が定まってきた1か月ほど前、授業実施日が「まん延防止等重点措置」期間と重なることが判明した。赤羽北桜高校及び本学の感染予防ガイドライン（当時）に鑑み、本取組も対面での実施は難しいと判断、オンラインかつ1回限りの実施を決めた。

　実施方式が確定した後は、画面越しでもいかに意図が伝わる内容とするか、より一層の工夫が求められた。簡易的な実施要項（参考資料参照）を作成し、職員間でさらに検討を重ねた。要項として見える形に落とし込んだ結果、何を優先するかがより明確になった。そのおかげもあってか、急きょ実施方式が変わった際に、内容の見直しを比較的容易に進めることができた。予測困難な状況の中でこのように柔軟に対応することができた点は、私たちにとっても大きな自信に繋がった。

（2）オンラインによる出張講義の実際

　赤羽北桜高校の時間割に沿うように、5限（13：15〜14：05）、6限（14：15〜15：05）の50分2コマを使って実施した。詳細なスケジュールについては、資料1のとおり。午後より開講するスケジュールだったため、いかに飽きさせずに進行するかが大きな鍵であり、その点を意識しながら進行した。

【資料1】令和3年度　当日のタイムスケジュール（職員は★を担当）

実施時間	実施計画内容
13：00〜13：15	★Zoom の接続開始
13：15〜13：20	司会者による大学紹介、授業紹介、講師紹介
13：20〜14：05	図書館長講義
14：05〜14：15	休憩
14：15〜14：20	司会者による講師紹介
14：20〜15：00	★図書館職員講義
15：00〜15：05	★質疑応答

　図書館長による講義は、「本の豊かな世界へ飛び出そう―図書館とメディアにつきあうためのヒント―」というテーマで実施した。なぜ今読書について学ぶのか、図書館という空間でできることは何か、を中心に、資料2のようなスライドを基に話を進めた。特に、デジタル・ネイティブである高校生に対し、情報活用の方法について重点的に説明した。生徒たちは「図書館へ行ってみよう」、「私の1冊を持とう」、「知識を得るための読書をしよう」といった館長からのメッセージを真剣に受け止めており、積極的にメモを取りながら聴講している様子が画面越しからも伝わってきた。

【資料2】図書館長講義のスライド（一部抜粋）

4.探究的に読んでみよう

・娯楽のために読む　＝娯楽読書
　・主体的

・知識を得るために読む＝知的読書
　・主体的
　・義務的

・調べるために読む　＝情報読書
　・主体的
　・義務的

　その後の図書館職員による講義では、館長が話した内容を踏まえながら「大学図書館の紹介」と「本の検索方法」を説明した。「実際に“北桜生„のみなさんが、大正大学附属図書館に来館したらできること」として、より自分の問題として捉えられるように工夫した。具体的に工夫をした点は次の3点である。

・今回の講義に関連する問いを先に提示したうえで進行する
・画面越しでもイメージできるよう、普段利用している「図書館（室）」と比較させる
・事前収録した動画を流すだけではなく、リアルタイムの映像も配信する

　まず導入として、①図書館（室）について、どんなイメージがあるか、②普段どのくらいのペースで本を読んでいるか、③調べ物をするとき、どのツールで検索するか、の３つの質問を生徒に投げかけた。画面越しに生徒を指名し発言させることは難しいと判断し、これらの質問を一人ひとり考えながら話を聞いてほしい旨、司会より説明をおこなった。

　その後、図書館の紹介動画も流しながら、本学図書館が「学生・教職員・地域住民が集い、語り合い、学び合う」場であることを説明した。各自が抱いている「図書館（室）」のイメージと、動画などで示す「大学図書館」を比較するよう指導した。

　１番目玉としたのは、資料検索を生中継で行ったことである。通常、本学で実施している「図書館利用ガイダンス」では、事前収録した動画を見せる手法が多いのだが、今回はライブで実施することで臨場感を出し、実際に自分が本を探しているようなリアルな感覚を持ってもらえるよう工夫した。その際「OPAC検索」だけではなく、実際に本棚を歩きながら撮影し、自身の興味・関心にあった本を探す「ブラウジング検索」も紹介した。「総合的な探究の時間」をはじめとした探究的な学習でも活用できる検索方法を提供することができた。

４．高校生向け図書館授業のカリキュラム構築へ

（１）より充実した実施へ　―令和４年度の取組―

　前年度の実績を評価され、令和４年度も赤羽北桜高校より「総合的な探究の時間」の授業の一環として依頼を受けた。その点で言えば、「外部向けのモデルカリキュラム」として一定の評価をいただけたのだと認識している。前年度の反省は活かしつつも、「図書館に親しみを持ち、本と出会う楽しさや嬉しさを体感・実感してほしい」という狙いは大きく変えないことを最初に定めた。加えて、対面で実施することが確定してからは、実際に生徒が本に触れる機会を新たに設けるなど、対面実施の良さを活かす内容を盛り込むこととした。

（2）対面だからこそできる出張講義の在り方

　令和4年度も赤羽北桜高校の
時間割に合わせ、5限（13：15
〜14：05）、6限（14：15〜15：
05）の50分2コマを使って実施
した。しかし、ここでオンライン
実施との大きな違いが生じる。そ
れは高校から本学まで、生徒が移
動する時間が発生する点である。

【写真2】図書館長による講義

　というのも、赤羽北桜高校の生
徒たちは授業の一環として本取組を受けるため、授業開始と同時に大学へ移動す
る必要がある旨、連絡を受けた。その結果、最終的に図書館で実施する時間は
13：45〜15：05に決定した。実施したい内容がすべて時間内に網羅できるか、
時間配分が大きな鍵となった。詳細なスケジュールは、資料3のとおりである。

【資料3】令和4年度　当日のタイムスケジュール（職員は★を担当）

実施時間	実施計画内容
13：15〜13：40	赤羽北桜高校からの移動開始
13：40〜13：45	生徒着、出席確認
13：45〜13：50	★担当職員による大学紹介、講師紹介、流れの説明
13：50〜14：20	図書館長講義
14：20〜14：30	休憩
14：30〜14：40	★図書館職員講義
14：40〜14：55	★ワークショップ兼館内見学
14：55〜15：05	★まとめ、質疑応答

　　図書館長による講義は、前年度
の改善を図り、テーマは昨年同様
「本の豊かな世界へ飛び出そう─
図書館とメディアにつきあうため
のヒント─」で実施した。時間の
都合上、スライド資料を精査し、
より重要なポイントに絞って説明
した。

【写真3】図書館へ移動する様子

休憩を挟み、図書館職員から8号館について簡単に紹介した後、対面実施の目玉として設定したワークショップへと進んだ。今回は生徒に対し、タイトルや本の装丁などを参考に、グループで「気になる1冊を選んで持ってきてもらう」ことを課した。実施にあたっては、職員が作成した生徒用のワークシートも活用した。

今回は、ある程度調べる範囲を絞ったほうが時間短縮に繋がると考え、グループごとに分類を指定した。生徒たちには、当該分類の図書が配架されている場所を探し出すよう指示しながら、自由に館内を見学し、本を選んでもらうようにした。生徒たちは気になった本を順番に手に取り、グループ内で相談しながら、それぞれの「気になる1冊」を決めていた。

【資料4】図書館職員講義のプリント

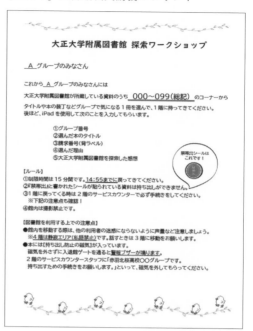

【写真4】「気になる1冊」を選ぶ

【写真5】Formsへ選定理由などを入力

ワークショップの最後、選定理由などをMicrosoft Formsで回答させる形を採用した（何の違和感もなく操作する姿を見て、デジタル・ネイティブ世代であることを改めて実感した）。「授業で学んでいて、親しみやすいテーマだったから」、「表紙と題名に惹かれたから」、「自身が学んでいる分野に関連し、今後の実習で使えると思ったから」など、さまざまな選定理由で本を手に取ったことがわかっ

た。ただ本を選ばせるだけでなく、選んだ理由を明確にさせることで、効果的に
資料検索を体験してもらうことができた。今回は結果を共有するに留めたが、教
員からフィードバックなどがあると、生徒のモチベーションも上がるのではない
かと考えている。

【資料5】ワークショップで用いた Microsoft Forms の画面（一部抜粋）

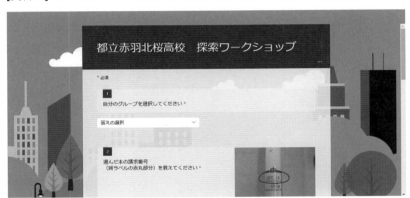

5．今後の展望

　紹介した本取組は、今後さらに発展させることができると考えている。高等学
校では、令和4年度から新しい学習指導要領に順次移行している。大きな特徴は、
国語科では「古典探究」、地理歴史科では「歴史総合」など探究科目が設置され、
探究的な学習に力を入れている点である。とりわけ「総合的な学習の時間」は、「総
合的な探究の時間」に名称が変わり、位置づけが刷新された。しかし、学校の裁
量でカリキュラムを編成する点に変わりはない。

　本学では、引き続き S-U.P.P としての連携校を増やしていくと同時に、各校の
特徴を活かしたカリキュラムに即する高校生の探究学習をサポートしていく。具
体的には、本学附属図書館が独自に製作した資料の検索方法や活用方法などの解
説動画をオンデマンド配信という形で誰でも視聴可能にすることや、オンライン
対応を含めたレファレンスなどが挙げられる。まだまだ発展途上ではあるが、大
正大学の「高大連携」の1つのカリキュラムとして確立させ、最終的には本学図
書館が各校の要望に合わせて独自のカリキュラムを提供するという、新しい形も
目指したいと考えている。

　これらの取組が、ポストコロナ社会を見据えた新たな大学図書館像を切り拓い
ていくものであると確信し、今後も新たな挑戦をしていく。

第1学年　プログラム実施案

担当者　　大正大学　図書館情報メディア部

1　プログラム実施日

　　日程：2021 年 5 月 14 日（金）

　　時間：5 限 *13：15 〜 14：05、6 限 *14：15 〜 15：05（@50min × 2 コマ）

2　実施学級

　　赤羽北桜高等学校　　1 年生　　（男子●名、女子●名、計●名）

3　実施方法

　　オンライン（Zoom）での実施。PC は 2 台？

　　講義中は、生徒側にカメラを向ける。

　　└質疑応答時は、マイクの都合上、PC の場所に移動して発言してもらう。

　　└司会：●●先生（大学）／コーディネーター：●●先生（高校）

　◆スケジュール案

　　5 限

　　13：00 〜　Zoom の接続開始

　　13：15 〜　司会者（●●先生）による大学紹介・授業紹介・講師紹介

　　13：20 〜　図書館長の講義開始

　　14：00 〜　質疑応答

　　14：05　　図書館長の講義終了

　　6 限

　　14：15 〜　司会者（●●先生）による動画視聴の紹介

　　14：20 〜　動画視聴、PPT を用いた図書館の説明、検索ワークショップ

　　15：00 〜　質疑応答

　　15：05　　講座終了

4　プログラム名　「大学図書館を知ろう」

5　プログラムについて
　本プログラムは高校１年生に対し、大学図書館でできることを説明していく。具体的には、館内設備、分類法、所蔵冊数、OPAC の利用方法等を動画や PPT を用いて紹介する。今後、赤羽北桜高等学校の生徒が、実際に大学図書館を利用することを想定してもらいながら進行していく。

6　本時の目標
・大学図書館とはどのような場所であるか、目的や利用方法について理解する。
・将来的に自身が利用することを想定し、どのような場面で活用できるかを考えてもらう。

7　本時の内容
・大学図書館について
・本の調べ方（OPAC）
・本学の特徴的な書架について
・"北桜生 „ が大正大学附属図書館で、できること

8．本時指導計画

学習のねらいと学習内容	留意事項
1　担当職員の自己紹介 ○前コマの振り返り（稲井先生講義） ○大学図書館のイメージ ○赤羽北桜高校の図書館は使っている？ ○本時の目標	○連続講義の２コマ目なので、少し気分転換の意も込めて導入。 ○都度の発言は進行に時間を要するため、全員に投げかける質問は、挙手できるような質問内容にする。
2　大学図書館について理解する。 ○動画視聴（15min） ○ PPT を用いて、図書館の説明 　・蔵書数 　・館内設備について 　・請求記号について 　・本の響	○図書館オリエンテーション実施（6/4）前に、分類法の話に触れて問題ないか
3　実際に本を探してみよう ○ OPAC の利用 　・検索方法のコツ 　・大学生はこんな検索をしているよ 4　"北桜生 „ が来校したらできること	○高校図書館での検索方法を知りたい 　→同じであれば、簡単に説明する程度で。 ○大学図書館の意義について説明 ○事前に先生方に対しては、「蔵書検索、図書、雑誌の利用（貸出は不可）、閲覧室の利用」が可能であることを説明している。

【出典】

中央教育審議会「2040 年に向けた高等教育のグランドデザイン（答申）」[https://www.mext.go.jp/
content/20200312-mxt_koutou01-100006282_1.pdf]（2023 年 7 月 31 日閲覧）

第5章　解説①

授業を変える探究的な学習
―探究的な学習の意義と展望―

　高校では 2022（令和 4）年度から新しい学習指導要領への移行が始まった。多くの教科で新科目が設置された。学習指導要領改訂の背景には、国や地域を超えて、「ヒト・モノ・カネ」、さらには「情報」が行き交うグローバル化の急速な進展があった。

　高校では教科の独自性が高いが、社会の変化を見通して、教科を超えた横断的な課題にも取組んでいく必要がある。

　探究的な学習は、高校の教科や総合的な探究の時間の学びを改善する一つの手立てとして位置付けられる。

　探究的な学習では教科等の学びにおいて、「問い」（探究課題）の解決を図ることを通して、課題解決能力を育成するとともに、論理的思考力、情報活用能力、コミュニケーション能力などの汎用的な能力を育成することができる。

1．2018 年改訂高校学習指導要領と探究

　新学習指導要領では、主体的・対話的で深い学びの実現、資質・能力の向上、カリキュラム・マネジメント、社会に開かれた教育課程の実現が示された。これらは全ての校種に求められているが、特に高校では「主体的・対話的で深い学びの実現に向けた授業改善」が求められている。

　高校学習指導要領の改訂の特徴は「探究」である。古典探究（国語科）、地理探究・歴史総合・日本史探究・世界史探究（地理歴史科）、理数探究基礎・理数探究（理数科）など、探究を付した科目が新設された。科目名に「探究」が付かなくとも、複数の科目において、諸資料から様々な情報を適切・効果的に調べ、まとめる技能を身に付けるような学習が設定されている。また、特筆すべきなのは「総合的な探究の時間」が新設されたことである。高校ではこれまで「総合的な学習の時間」には十分に取組んでこなかった面がある。「総合的な探究の時間」の目標は次のように示された。

　探究の見方・考え方を働かせ，横断的・総合的な学習を行うことを通して，自己の在り方生き方を考えながら，よりよく課題を発見し解決していくための資質・能力を次のとおり育成することを目指す。

（1）探究の過程において，課題の発見と解決に必要な知識及び技能を身に付け，課題に関わる概念を形成し，探究の意義や価値を理解するようにする。

（2）実社会や実生活と自己との関わりから問いを見いだし，自分で課題を立て，情報を集め，整理・分析して，まとめ・表現することができるようにする。

（3）探究に主体的・協働的に取り組むとともに，互いのよさを生かしながら，新たな価値を創造し，よりよい社会を実現しようとする態度を養う。

２．探究的な学習と汎用的な能力の育成

2018年高校学習指導要領総則編の「教科等横断的な視点に立った資質・能力の育成」では、「（1）言語能力，情報活用能力（情報モラルを含む。），問題発見・解決能力等の学習の基盤となる資質・能力を育成していくことができるよう，各教科・科目等の特質を生かし，教科等横断的な視点から教育課程の編成を図るものとする。」と示された。ここで示された資質・能力は、実社会・実生活のさまざまな場面で生きて働くものである。このような「汎用的な能力」は、日々の授業の中で学習経験を積んでこそ身に付くものである。

一度きりのかけがえのない高校生活の中で、授業は多くの時間を占める。特に高校の学びは、長い人生を生きていくための基盤をつくるものである。学校現場は、国の教育改革のあり方とは別のところで、生徒の学びをより良いものにしていきたいという思いで動いており、全国の多くの高校が、探究的な学習の導入に大きな教育的意義を見出し、カリキュラム開発・改革を軸に学校の特色化を進めてきたのである。

３．探究的な学習の編成・導入方法

探究的な学習は、①総合的な探究の時間や学校設定教科・科目において１年間を見通したカリキュラムを編成・導入する方法、②教科・科目の授業の中に編成・導入する方法、③特別活動の領域に編成・導入する方法がある。

総合的な探究の時間や学校設定教科・科目の場合、課題研究、卒業研究などの名称で探究的な学習を導入する全国の多くの高校が見られる。スーパーサイエンスハイスクールに指定された高校では、全生徒が自然科学の学習に取組むために、このような方法が採られている。この方向性は、カリキュラム改革を通した学校の特色化とともに、学校現場に許容され、浸透しつつある。しかし、授業改善と

いう視点に立てば、教科・科目の中で授業の中に日常的に導入することが欠かせない。

4．探究のプロセス

探究的な学習を導入する場合、次のような「探究のプロセス」の授業をデザインすることが望ましい。

> ①学習目標を理解し、学習の見通しを持つプロセス
> ②学習者が主体的に課題意識を持てるようにするための知識・技能を獲得するプロセス
> ③学習者が自己の知識・技能を活用し、課題意識に基づき、主体的に「問い」を立てるプロセス
> ④学習者が個人で、あるいは協働的に、資料を活用するなどして「問い」の解決を図るプロセス
> ⑤解決した課題への答えを適切に表現したり共有したりするプロセス
> ⑥自らの学習を振り返り、自己評価や相互評価するとともに成果を実感して、次に生かそうとするプロセス

探究的な学習では、知識がないと探究できないわけではなく、学習者の「問い」から始まったり、学習者が体験的な学習を通して知識の獲得の必要性を意識したりする場合もある。「問い」の解決のために学習者が課題意識を持ち、教室で授業者の説明を聞いたり教科書や資料を読み込んだり、あるいは学校図書館を活用して自ら図書資料を調べたりするという場合もある。探究がいわゆる「調べ学習」ではないことに留意する必要がある。また、学習者の「問い」を引き出すこと、学習者が「問い」を持つことが、探究では最も大切である。学習は必ずしも協働的な形態（ペア学習やグループ学習）で取組む必要はない。むしろ、学習者が個人でじっくりと考える時間を保障することが大切である。探究的な学習では、教科を問わず、いわゆる活動主義に陥りやすい点には注意しなければならない。活動あって学びなしとならないように、授業者は単元の目標と資質・能力を常に意識しておく必要がある。教材・学習材が整い、学習内容と方法が用意されても、あくまでも学習方法は目標を達成する手段でしかないからである。

5．教科同士をつなぐカリキュラム・マネジメント

　環境、人口、貧困、男女平等など、SDGs にも関連する現代的な諸課題は、さまざまな教科に取り扱われている。

　教科担当者間で年間指導計画（シラバス等）で情報を共有し、単元名等は異なっていたとしても同じ学習内容を扱う場合、授業で取り扱う時期を同じくしたり、学習内容を調整したりすることにより、学習者がより多面的・多角的に学習内容を理解する授業が実現できる。このような教科相互の横断的な情報共有は、カリキュラム・マネジメント（総則編「教育課程に基づき組織的かつ計画的に各学校の教育活動の質の向上を図っていくこと」）の 1 つである。高校では教科相互の協働的な取組は現状の大きな弱点ではあるが、探究的な学習の導入では大切であり、欠かせないものとなる。

6．終わりに

　これからの社会では、多様性を理解し、さまざまな現代的な諸課題に対して当事者意識を持ち、自分には何ができるのか、解決するためにはどうしたらよいのかを考える姿勢が求められる。

　総則編では「生徒や学校，地域の実態及び生徒の発達の段階を考慮し，豊かな人生の実現や災害等を乗り越えて次代の社会を形成することに向けた現代的な諸課題に対応して求められる資質・能力を，教科等横断的な視点で育成していく」と示された。

　現代の生徒たちは、おとなしいとか政治に無関心といわれる向きもあるが、社会に対して何かをしようとする静かな思いを持っているのではないか。若い世代は、大人たちが越えられない距離をいとも簡単に越えてゆく。探究的な学習を通して、生きるために必要な知と価値観を自ら身に付けるための学びの場を用意することは、教育というものが持つ「未来への投資」に他ならない。

【出典】

『英語教育』大修館書店，2020 年 5 月号．

これからの学校図書館の活用に関する方向性　―学校図書館活用をデザインする―

2018（平成30）年告示の学習指導要領では、実社会・実生活に生きて働く汎用的な能力の育成を重視している。大学では既に汎用的な能力を重視する教育改革が進んでいたが、高校教育と大学教育を接続する接点が汎用的な能力の育成でもある。

高校の教科等の授業では、学習内容によって学校図書館の多様な資料を活用することが求められる。学校図書館の活用は「主体的・対話的で深い学び」を実現していくために欠かせない。

学校図書館の活用を通して課題解決能力や情報活用能力などを育成し、自ら主体的に学ぶ学習者を育成することにより、高校から大学への学びが適切に接続する素地が養われる。高校から大学への学びの連続性という観点からも、学校図書館を活用した学びを充実させることは大切である。

1．私たちを取り巻く社会と生徒の読書に関わる現状

AI社会が既に到来し、私たちは気付かないところでAIの恩恵を受けている。変化のスピードは一層速くなっている感がある。2016（平成28）年に内閣府によって提唱されたSociety5.0にみられるように、テクノロジーの発展と私たちの生活の質は不可分の関係にある。AI社会では、人でなければできない営みに自覚的であることが求められる。

毎日新聞社と公益社団法人全国学校図書館協議会が実施している「学校読書調査」によれば、2017（平成29）年5月1か月間の平均読書冊数は、小学生は11.1冊、中学生は4.5冊であるのに比べて、高校生は1.5冊と低い。また、1か月間に読んだ本が0冊の児童生徒を「不読者」と呼んでいるが、不読者の割合は、小学生は5.6％、中学生は15.0％であるのに比べて、高校生は50.4％ときわめて高い数値になっている。その背景の一つにスマートフォンとの関わりが考えられる。スマートフォンで全ての情報のやりとりができる。本などなくても楽しいことはスマホの中にある。本と生徒を繋げる取組が大切である背景には、生徒とメディアの平準化した関わり方が存在している。

2．実社会・実生活に生きて働く資質・能力を育てる学校図書館

　新しい学習指導要領では、実社会・実生活で生きて働く資質・能力の育成を目指すという、生涯学習を見通した上での汎用的な資質・能力を重視した内容になっている。具体的には、「学習の基盤となる資質・能力（言語能力、情報活用能力（情報モラルを含む。）、問題発見・解決能力等）や現代的な諸課題に対応して求められる資質・能力の育成」のために、「主体的・対話的で深い学び」の実現に向けた授業改善が求められている。これからは教科等の学習において、育成すべき資質・能力を明確にしながら、学校図書館を活用した学習を積極的に導入する必要がある。学校図書館を活用した学びは、生涯学習の基盤をつくる。私は、学校図書館を活用した授業デザインを工夫することにより、批判的思考力、創造的思考力、論理的思考力、分析力などの力を育成できると考えている。これらは、知識基盤社会を生きる上で基礎となる資質・能力である。

　さて、中学校及び高等学校学習指導要領の総則「1　主体的・対話的で深い学びの実現に向けた授業改善」には、「各教科（・科目）等の指導に当たっては、次の事項に配慮するものとする。」として、次の内容が示されている。

> （7）学校図書館を計画的に利用しその機能の活用を図り，生徒の主体的・対話的で深い学びの実現に向けた授業改善に生かすとともに，生徒の自主的，自発的な学習活動や読書活動を充実すること。また，地域の図書館や博物館，美術館，劇場，音楽堂等の施設の活用を積極的に図り，資料を活用した情報の収集や鑑賞等の学習活動を充実すること。※高等学校は（6）。

　現行の学習指導要領では、「(11) 学校図書館を計画的に利用しその機能の活用を図り，生徒の主体的，意欲的な学習活動や読書活動を充実すること。」（総則「5　教育課程の実施等に当たって配慮すべき事項」）とあるのに比べて、授業改善、自発的な学習活動や読書活動に言及するなど、具体的な点に踏み込んでいる。

3．カリキュラム・マネジメントの視点に立つ学校図書館の活用

　今まで以上に考えなくてはいけないこととして、「教科横断的な視点」が挙げられる。中学校及び高等学校では、他教科の教育内容・方法に対して、各々の専門性を理由にして互いに情報交換しにくい側面がある。教科は異なっても関連する教育内容を扱う場合、時期や内容等を調整することにより、効果的な学習が実現できる場合がある。あるいは総合的な学習の時間を活用して、教科横断的な探究学習に取組む場合にも、教員間の連携によるカリキュラム・マネジメントが必

要になる。カリキュラム・マネジメントは、管理職や教務主任だけが意識するのではなく、一人一人の教員がその連携によって実現させるべきものである。そして、学校図書館は、教科の壁を超えて、教員相互の連携を図るための場になり得る。

　また後段では、社会の様々な公的施設等の活用が示されているが、これは「社会に開かれた教育課程」の観点を踏まえたものと考えられる。学校図書館や公共図書館が有する物的資源・人的資源の交流を図り、学習活動の支援に努めることは、学校の教育課程を社会に開き、様々な学びの可能性を拓（ひら）いていくことにつながる。ただし、近年では公共図書館の経営形態も多様であるため、連携に当たっては当該図書館への確認、及び必要に応じて協議・調整等が必要になる。

４．読書センターとしての学校図書館

（１）読書活動の課題

　学校図書館が学校の中の読書センター、学習センター、情報センターとして位置付けられるようになって久しい。2001（平成13）年の子どもの読書活動の推進に関する法律の施行以降、全国の都道府県教育委員会や区市町村教育委員会が子どもの読書活動推進計画を策定し、読書活動がかなり浸透した。このことは、この法律の一つの成果といってよい。また、文部科学省による子どもの読書活動優秀実践校の表彰は、学校だけではなく、公共図書館や地域などの子どもの読書活動に関わるボランティア・グループも表彰されており、児童生徒の読書活動に関わる大人たちの大きな励みになっている。

　また、朝の10分間読書等の一斉読書が、特に小・中学校において広く行われるようになったことも成果の一つである。一方で、活動自体が形骸化しているという課題も出てきている。読書活動のように即効性を実感しにくい取組について、先生方の関心は、けっして高いとはいえない。先生方への読書活動に係る啓発は引き続き課題の一つであろう。

　また、高等学校では、書評合戦（いわゆるビブリオバトル）が普及し、多くの学校で取組まれるようになっている。近年では、中学校でもみられるようになっている。一方で、高等学校の先生方の読書活動への関心はやはり高いとはいえない。

（２）興味・関心を探る　―読むための動機付けを図る―

　大人たちは当たり前のように本を読むことを勧めるが、中学生や高校生の生活における多様なメディアの存在を考えると、生徒の興味・関心をじっくりと掘り起こして読書行為につなげていくプロセスが必要である。国語教育者の大村はま

は、学校図書館で生徒に読みたい本のリストを作らせたり、自分が興味をもった本の新聞広告を切り抜いて整理したりするなどの工夫を通して国語の授業を実践した。それら先人の実践に学び、例えば、読書への第一歩として、一枚の紙に自分が興味・関心のある言葉を書き出し、その言葉と関連する本を学校図書館で探してみる。言葉が思い付かない生徒には、自分が取組んでいる部活動や趣味に関する言葉を挙げさせ、学校図書館から関連する本を探させ、手に取らせてみる。本を読むこと以前のレディネス、内発的な動機付けを丁寧に行うのである。これまで見過ごされてきた点である。

（3）探究的な読書活動の必要性

これからの読書活動では、読書活動で育てる資質・能力の内容を一層明確にするように留意する必要がある。読書活動は、「言語能力、情報活用能力、問題発見・解決能力等の学習の基盤となる資質・能力」を育成する一助となるはずである。そのためには、実社会・実生活や、大学での学びを見通した上で、本との出会いを導くこと、生徒が読書生活を自ら創造していくための指導や支援が必要である。読書活動は、娯楽や楽しみのための読書という側面が強い。そのことも大切にしつつ、これからは、教科等の学びに生きる読書、探究的な読書活動の在り方について、一層考えていく必要がある。

生徒の興味や関心を広げたり高めたりするためには、多様な本と出会う機会を設けることが大切である。例えば、ノンフィクションや科学的な読み物など、小説や物語以外の多様な本と出会えるような仕組みづくりを工夫したい。また、書評合戦やブック・トークのような対話的な読書活動では、取り上げる本を工夫することによって、自分では読まないような本についての情報を共有するよい機会になる。図書委員会の生徒が選書を行い、多様な領域のブック・リストを作成し、その中から生徒が読みたい本を選んでもらうようにするなど、生徒自身が広げていく読書コミュニティのようなものを学校内にデザインすることも考えられる。

（4）読解指導から読書指導へ

国語科の読解指導では、一つの作品を詳細に読み解いていくことが多い。一概に否定はしないが、2020年に始まる新しいセンター試験では、複数の情報を読み比べたり、多くの情報の中から必要な情報を取り出したりすることや、条件に合わせて決められた字数の中で的確に記述する力などが求められるようになる。このことからも、生徒にどのような資質・能力を育成するのかを、各教科等で求められる資質・能力に照らしながら考えていくべきであろう。

倉澤栄吉※は、読書の中に読解を位置付けている。倉澤は非文学教材が読者に様々な問題を広げ、扱われている情報の意図や価値を考えさせ、読者を連鎖的に他の文献に導く役割を持つとしている。これまでの読解指導が積み上げてきた方法知は微視的である。倉澤は、文章構成、要旨、段落相互の関係などの対象に関わる読みから、情報操作、処理能力という読者としての主体性を尊重した読みへと転換していくことを求めている。今日でも多くの示唆を与えてくれる。

5．情報センターとしての学校図書館

（1）情報活用能力育成への統合

　これまで多くの学校では、コンピュータ室の活用と関連させて情報活用能力の育成を位置付けてきた。しかし、これからは、学校図書館での学びとコンピュータ室を活用した学びを統合させ、情報活用能力育成の全体計画の中に学校図書館を明確に位置付ける必要がある。学校図書館を情報センターとして位置付け、教科等の学びと関連した取組を充実させていくことが大切である。なお、総則には、情報活用能力の育成について、次のように示されている。

> 　情報活用能力の育成を図るため，各学校において，コンピュータや情報通信ネットワークなどの情報手段を活用するために必要な環境を整え，これらを適切に活用した学習活動の充実を図ること。また，各種の統計資料や新聞，視聴覚教材や教育機器などの教材・教具の適切な活用を図ること。

（2）ICTと学校図書館

　今後、学校教育にタブレットやパソコンの導入が進むと、情報収集をインターネットだけで終わらせてしまい、学校図書館が所有する多様な資料の活用がおろそかになるという懸念がある。デジタル・ネイティブである生徒たちは、物心ついた時からインターネットが普通に存在する世界に生きている。生徒にはインターネットの情報の特性を理解させるとともに、インターネットだけではなく、図書や新聞などの資料で確認するなどして、複数の資料から様々な情報を得るとともに、それらの妥当性や真偽を確かめながら課題の解決に迫るなどの習慣を身に付けさせる必要がある。

　また、技術・家庭科や情報科はもとより、情報モラル教育の一環として、著作権、肖像権や個人情報保護等についても、情報の利用者として、また情報の発信者としてのモラルを学習する機会を意図的・計画的に設ける必要がある。

6．学習センターとしての学校図書館

（1）高等学校における探究に係る科目等の新設と探究的な学習

　高等学校国語では、大きく科目が再編されたが、その一つに古典探究がある。また、地理歴史では、地理探究、日本史探究、世界史探究が新設された。総合的な探究の時間では、「探究の見方・考え方を働かせ，横断的・総合的な学習を行うことを通して，自己の在り方生き方を考えながら，よりよく課題を発見し解決していくための資質・能力」を育成するといった内容が掲げられている。内容の取扱いでは、「学校図書館の活用，他の学校との連携，公民館，図書館，博物館等の社会教育施設や社会教育関係団体等の各種団体との連携，地域の教材や学習環境の積極的な活用などの工夫を行うこと。」とあるほか、「探究の過程においては，コンピュータや情報通信ネットワークなどを適切かつ効果的に活用して，情報を収集・整理・発信するなどの学習活動が行われるよう工夫すること。その際，情報や情報手段を主体的に選択し活用できるよう配慮すること」と示されている。学校図書館担当者が意識し、具体化に関わるべき内容である。

　また、近年、高等学校においては、大学生や社会人になった際の生活を見通して、課題研究や卒業研究などの名称で1年間をかけた探究的な学習を導入する学校も多くみられるようになってきた。このような学習は、学校の特色の一つとして位置付けられているが、生徒の探究的な学習を支えるためには、学校図書館の機能の充実がどうしても必要になる。

　文部科学省のスーパーサイエンスハイスクール（SSH）に指定された高等学校では、生徒の探究的な学習を支援するため、学校図書館の充実と工夫が図られている学校が少なくない。今後、高等学校ではますます探究的な学習が推進されると考える。その際、学校図書館は、ICT活用やインターネットにおける情報検索等をうまく取り込んだ学習センター、情報センターとしての役割が一層重視され、生徒一人一人の生涯学習の基盤をつくる役目を担うことになる。

（2）探究的な学習のプロセス

　問いや課題を解決する探究的な学習は、例えば、次の7段階を意識して、単元をデザインすることが考えられる。

表1 探究的な学習のプロセス

○第1段階
　学習の動機付けを図る学習［出会う］
○第2段階
　基礎・基本の知識を習得する学習［知る］
○第3段階
　興味や関心、知識を深める学習［深める］
○第4段階
　問いや課題を絞り込む学習［つかむ］
○第5段階
　情報を取捨選択し、活用する学習［生かす］
○第6段階
　情報を活用し、目的に合わせて加工する学習［選ぶ・まとめる］
○第7段階
　情報を発信する学習［伝える］

　授業を構想する際は、生徒にどのような資質・能力を育成したいのかを明確にし、表1のどの段階の学習を重点的に行うのかを考えて単元をデザインする必要がある。卒業研究や課題研究などの1年間をかけて取組むような研究的な授業の場合は特に意識したい点である。

（3）思考力・判断力・表現力等の育成
　個に閉じがちな読書という営みを外に開き、知的な思考をより深めるための手段となる他者との「対話的な学び」は、コミュニケーション能力の育成にもつながるものである。教科等の探究的な学習では、教科書だけではなく、図書や新聞、雑誌、学術的な論文など複数の資料を用いて、対話的なコミュニケーション活動を行いながら、情報を比較したり、整理したりすることになる。これは、情報活用能力の育成に効果的である。また、このような学習は、「情報の読解・情報の取り出し→熟考・評価→情報の発信」といった学習のプロセスを適宜往復しながら課題を解決することになるため、生徒の思考力・判断力・表現力等を育成する上でも有効であることは言うまでもない。

7. この先10年を支える学校図書館
　学校図書館法の一部が改正され、学校司書の配置が努力義務とされた。しかし、自治体によって学校司書の配置に様々な実態がみられるのが現状である。引き続き、配置の地域差を減らしていくことが求められる。この点については、地方交付税の予算配分を工夫して、学校司書の配置を安定化させるよう首長の努力に強く期待したいところである。また、図書館長に位置付けられた校長のリーダー

シップも一層求められる。学校経営計画の中に学校図書館の計画的な利活用を明確に位置付けることが必要である。

　これからの社会で大切なのは、対等な関係の中で互いを尊重すること、多様性を認めること、現実社会の中で互いにつながること、対話的なコミュニケーションの中で情報や経験を共有することだと考えている。学校においても、このような点に価値を見いだしながら、生徒に資質・能力を確実に育成するための教育を目指したい。

　「社会に開かれた教育課程の実現」は、価値の創造であり、学び合いの場の創造である。学校図書館は、知とのふれあいを通して価値の創造に貢献できる場に他ならない。

【参考文献】
　※　倉澤栄吉「情報化社会における読書指導の原理と方法」（倉澤栄吉国語教育全集 11），角川書店，
　　　　1988 年.
【出典】
文部科学省・初等中等教育局教育課程課編集『中等教育資料』学事出版，2018 年 12 月号.

6 としま文化の日の実践
―地域との連携―

1．はじめに

　2022 年 11 月、本学附属図書館と豊島区立図書館がタッグを組み「大正大学附属図書館×豊島区立図書館　にぎやかな図書館祭」を開催した。本イベントは「にぎやかな公共図書館」を掲げ、「図書館を外に開いていこう」と取組んでいる豊島区立図書館と「多くの人が集い、学び合う場所。サードプレイスとしての図書館」を目指している本学附属図書館の想いが合致し、さまざまな縁が繋がり、実現の運びとなった。本章では、このイベントを事例としながら、これからの新しい図書館が担っていくべき「地域との連携」について記していく。

【資料１】イベントポスター

2．実施の背景

　「同じ区内ですし、何か一緒に活動できるといいですね」、「ぜひやりましょう！」
──国連広報センター主催の「ゆるやかな図書館研修会」において、豊島区立中央
図書館（当時）の坂本氏とオンライン越しに交わしたやり取りである。まさかこ
の半年後、本当にイベントが実現できるとは、当時は思いもしなかった。

　大正大学附属図書館は 2020 年 11 月にグランドオープンした。「イノベーショ
ン×創発」を基本コンセプトに設計された本建物は、図書館だけでなくラーニン
グコモンズも備わった「総合学修支援施設」である。

　これまでの旧 8 号館（礼拝堂）を知っている人にとっては、この生まれ変わっ
た姿にきっと驚くだろう。新しい図書館を建築する際、大学として「ラーニング
コモンズと一体となった新時代の図書館をつくる」と方針を掲げた。私たち図書
館職員も、「学生が学科や学年を超え、教職員や地域の人びとも集い、学び合い、
語り合うサードプレイス」となることを目標とし、日々業務に励んでいる。学生
たちの化学反応が起こる空間であるとともに、近隣住民にとってもシンボル的存
在でありたいという思いを込めている建物だ。

　実はコラボレーションのきっかけは、いくつかあった。本学図書館長の稲井
が豊島区図書館経営協議会の委員を務めていること、豊島区立図書館が掲げる「に
ぎやかな公共図書館」の概念と本学が目指す方向性が一致していたこと、国連広
報センター主催の「ゆるやかな図書館研修会」にて、オンライン越しに情報交換
をする機会があり、何かイベントを企画したい旨を共有できたこと、豊島区制施
行 90 周年と開催時期が重なったこと、などである。コロナ禍で苦しい時期が続
いたからこそ、本学職員も今回の取組に挑戦してみたい、という気持ちが強かっ
たのも大きな要因だったと考える。

　また、豊島区長（当時）の高野之夫氏は、2014 年に東京 23 区の中で唯一の「消
滅可能性都市」の指摘を受けたことを踏まえ、その脱却のために「文化」による
経済の循環を意識した施策に強い思いをお持ちであった。在任中は、「オールと
しま」での文化によるまちづくり「国際アート・カルチャー都市構想」を進めて
きた。そのため、一般的に図書館は教育機関（社会教育・生涯教育）の位置づけ
で管理されることが多いが、豊島区では文化商工部に図書館課を設置している。
このような、新しい取組を積極的におこなう環境が整っていたことも忘れてはな
らない。2023 年 2 月に高野氏が急逝されたが、その想いは私たち 1 人ひとりに
強く根付いている。

3．実施までの準備

　本イベントは 2022 年 11 月 3 日〜5 日の 3 日間、本学附属図書館をメイン会場として実施した（一部、豊島区立巣鴨図書館でも展開）。もともと、この時期は本学の大学祭「鴨台祭（おうだいさい）」が実施されていたが、この年から 6 月開催に変更されたこともあり、開催日設定に関しては概ねスムーズに決めることができた。ただイベント時間に関しては、担当者として非常に悩んだところである。今回初開催のイベントのため、来場者数の予測が困難だった点、新型コロナウイルスの影響がどの程度あるか不明確だったこと、プログラム数と対応できるスタッフの人数等を考慮し、今回は資料 2 の内容で開催することを決めた。

　また、本イベントは豊島区からの提案もあり、「豊島区制施行 90 周年記念事業」の一環として実施することが決まった。本学が位置する東京都豊島区は、2022 年に区制 90 周年を迎えた。100 周年に向けた新たなスタートを切るため、この 1 年間の取組を「豊島区制施行 90 周年記念事業」と位置付け、今回、大学側の職員が幹事を務めることで「区民実行委員会」の一取組として、計画を進めることができた。本学と豊島区はこれまでも地域イベントを中心にさまざま協力してきたが、「図書館」をテーマにした大規模な取組は、今回が初めてとなる。

【資料 2】イベント概要一覧

イベント名	主担当	イベント内容	事前予約	実施日	所要時間	場所
①オープニングセレモニー	図書館職員	豊島区長、本学学長挨拶。館長よりイベント実施の経緯および今後の目標を説明。テープカットを実施。	なし	11/5（土）	20 分程度	ラーニングコモンズ
②おはなし会	豊島区立図書館司書	大学図書館内で読み聞かせを実施。対象者を小学生以下、中学生、高校生、大学生以上と区分し、各年代に合わせた本を選書し、実施。	なし先着順	11/3（木・祝）〜11/5（土）全 5 回	20 分	図書館内

③ワークショップ・スタンプラリー	図書館職員 学生ボランティア	SDGs や読書を身近に感じてもらうため、紙袋や包装紙を再利用したブックカバーを作成。豊島区立巣鴨図書館とのコラボレーション企画として、本学学生がデザインしたスタンプ台を設置。	なし	11/3 （木・祝） 〜 11/5 （土）	20分	ラーニングコモンズ
④図書館見学ツアー A：児童向け B：一般向け	図書館職員 学生ボランティア	A：「としょかんちょうからのしれい」を基に、絵本に隠されたヒントを集めながら、館内を巡るイベントを実施。 B：地域開放ができなかったことも踏まえ、図書館職員が館内を案内。	A：あり B：あり	11/3 （木・祝）・ 11/5 （土） 全3回	30分	図書館内
⑤座談会 〜テーマ 「本を通して"人"がつながる」	外部講師 図書館長 図書館職員	登壇者（公共図書館、大学図書館、学校図書館、出版社）が、異なる立場でありながら共通している「本」をテーマに、取組事例等を共有。意見交換を実施。（対面とオンライン併用）	あり	11/5 （土）	120分	図書館併設礼拝ホール

4．イベントの実際

　当日は、先に述べたとおり多くの企画を実施した。期間中は老若男女問わず、延べ600名近くの方に参加いただき、ようやく地域のみなさまに新しい図書館を披露することができた。

① 　オープニングセレモニー
　本学の創立記念日でもある11月5日、「図書館祭（フェス）」のオープニングセレモニー

を開催した。豊島区長（当時）の高野之夫氏からもご挨拶を頂戴し、副区長（当時）の高際みゆき氏、本学学長の髙橋秀裕、本学専務理事の柏木正博、本学図書館長の稲井を含めた5名によるテープカットをおこなった。また、セレモニー後、高野氏は館内を見学され、イベント参加者と交流する場面も見られた。

【写真1】豊島区制施行90周年もPRした

② おはなし会

公共図書館とのコラボレーションは、他館ではあまり例のない機会と捉え、大学図書館では普段実施できないことに挑戦しようと「おはなし会（読み聞かせ）」を企画した。公共図書館では馴染みのある企画だが、大学図書館で実施するには、いくつか調整が必要だった。豊島区立図書館所属の司書の方に来館いただき、まずは実施場所を検討するところから調整を開始した。ベビーカーが操作しやすいか、授乳スペースは確保すべきか、子どもたちが走り回って危ない場所は避けよう…など、利用者層の違いから我々と確認するポイントが180度異なり、こういった違いもあるのだと気づかされた。大学図書館と公共図書館がコラボレーションすることの面白さを感じた瞬間でもあった。最終的には、館内（8号館2階）に入ってすぐのスペースで司書の方に実施いただくことを決めた。ここは「本を介して仲間と交流しコラボレーションする」をコンセプトに作られた場所で、施設環境として広さも十分あり、読み聞かせをおこなうには適した条件がそろっていた。

座席配置など具体的な準備と併せて、今度は実施対象者を絞り込むことになった。読み聞かせというと、乳幼児を対象としたものを想像しがちだが、中学生や大人を対象としたものもあることを紹介いただいた。今回は幅広い世代を対象としているイベントでもあることから、3日間のスケジュールのうち、時間帯を考慮しながら、幼児（3～5歳）、小学生、中学生以上、大人（大学生以上）と対象者別に実施いただくことにした。

また、すべての回に手話通訳士をつけた。作品選定は司書の方にご協力いただき、読み聞かせ用の大きな絵本なども、豊島区立図書館の資料を借りることが決まった。

平日のイベント参加者は少人数だったものの、司書の方が1人ひとりに丁寧に

語りかける姿が印象的だった。土曜・祝日は立ち止まって話に耳を傾ける方もいて、非常に盛況であった。

③　ワークショップ

　事前予約制のイベントばかりでは、気軽に立ち寄った方が楽しめないのではないか、と思い、常時開催している企画も設けようと考えた。そこで、読書を身近に感じてもらうためのワークショップを開催することを決めた。豊島区が基礎自治体として初めて制定した「としま文化の日条例」には、『「SDGs」の理念を踏まえ』という文言があることを知り、それを踏まえたらどうか、という意見が出た。検討した結果、不要になった紙袋・包装紙を利用して作成できる「ブックカバー作り」を実施する運びとなった。他イベントとの時間の重複具合、ワークショップでどれだけの完成度を目指すのか、対象者を誰にするのかなど、さまざまな角度から、より具体的に内容を詰める必要があった。今回のワークショップでは対象者を小学生と絞り、作業工程をできるだけシンプルなものにすることを心掛けた。

　①紙袋を開く、②本に合わせて紙を切る、③折り込んで形を整える、という3工程を実際に小学生（職員の家族）に試してもらいながら作業時間を測り、事前準備をどの程度までおこなう必要があるか検証した。紙袋を開く作業は思いのほか時間がかかるため、前もって開いた状態のものを用意した。本来は本の大きさに合わせてブックカバーのサイズも変えて作成するが、今回は児童書を想定した型紙を作成し、型紙に合わせて紙を切るように説明することとした。今回は1日50名の参加者を想定し、準備をおこなった。

　ワークショップ当日は、学生アルバイトおよび学生ボランティアにも参加してもらい、運営補助をしてもらった。①〜③の工程に加え、最後にオリジナリティを出すためシールやマスキングテープなどで、飾りつけをしてもらう要素を加えた。参加者は想定していた小学生のみならず、付き添いの大人やスタンプラリーのために来館した大人も参加してくれて、思い思いのブックカバー作りを楽しんでいた。

　豊島区立巣鴨図書館とのコラボレーション企画のスタンプラリーは、本学学生が図書館の外観をイラスト化し、デザインしたものを

【写真2】ワークショップ会場

スタンプにした。スタンプの設置場所はワークショップ横に定め、両方のイベントに参加しやすい空間を提供した。

④　図書館見学ツアー

　イベント実施中、図書館を自由に見学してもらうことは当初より検討していたが、①の「おはなし会」で対象者によって来館時間が異なることをヒントに、時間を予測して対象者別の見学ツアーを実施することにした。具体的には、A：児童向け（小学生以下）B：一般向け（中学生以上）の２つである。どちらも事前予約制にする

【写真３】児童向け図書館ツアーの様子

ことで、参加者の情報を把握して準備を進めることができた。また、動画用QRコードが掲載された掲示物を貼付し、事前予約がなくても自由に見学いただける体制を構築した。

　　A：参加した子どもには参加賞（大学のグッズ）をプレゼントすることにした。
　　　　保護者だけでなく、兄弟姉妹や友人と楽しく参加していた。
　　B：参加者に車いすを使用する人がいることが分かり、移動により配慮した
　　　　コースで図書館職員が館内を案内することができた。

⑤　座談会「にぎやかな図書館フォーラム」　～テーマ「本を通して"人"がつながる」

　本イベントを開催するにあたっては、単純に楽しいだけのイベントではなく、大学図書館ならではのアカデミックな催しも加えたいというのが、図書館長からのオーダーであった。そこで、公益社団法人全国学校図書館協議会・理事長の設楽敬一氏、株式会社河出書房新社・常務取締役、ＹＡ出版会・相談役の岡垣重男氏、豊島区立中央図書館・館長（当時）の倉本彩子氏をお迎えし、本学図書館長の稲井も加えた４人で、「本を通して"人"がつながる」をテーマに、座談会を実施する運びとなった。

　当日は事前予約制としたが、オンラインでの同時配信もおこない、後日アーカイブ化した動画も公開した（ https://youtu.be/sZu0d-umOuw ）。

今回の取組は公共図書館と大学図書館から始まったものだが、さまざまな縁が広がり、立場の異なる登壇者がそれぞれの課題や取組を紹介し、多くの情報を共有することができた。会場からは質問もさまざまあがり、昨今の図書館・書籍事情に強い関心が寄せられていることが感じられた。

【写真4】座談会の様子

5．成果と課題

（1）成果

　本イベントでの成果は、新しい図書館に地域の広い世代の方が集まり、私たちが目標としている「学生が学科や学年を超え、教職員や地域の人びとも集い、学び合い、語り合うサードプレイス」に向けて大きく前進できたことである。この3年間コロナ禍で実現できなかった学生と地域の方々との交流の場を作りだすことができた。

　また、行政とのイベントの実施モデルを1つ作ることができたことも、大きな成果だと考えている。行政との協力がなければ、としまテレビ[1]に出演することや豊島区発行の「図書館通信第67号」[2]に寄稿することなどは実現が難しかったと思う。これらの広報の結果、地域の幅広い年代の方々に周知することができ、集客につながったと考えている。

（2）課題

　一方、イベントの継続をどうしていくかは大きな課題である。何事も継続することは簡単そうに見えるが実は難しい。担当者が変わっただけでも、引き継ぎに苦労する場合がある。また、今回と同じ方針で実施できるとは限らない。継続するには、私たちが目標としている「学生が学科や学年を超え、教職員や地域の人びとも集い、学び合い、語り合うサードプレイス」を常に見失わないことが大切である。そして他機関との連携では、お互いの状況を共有することが、新たな取組を提案するのにとても有効な手段である。イベント開催期間中、残念ながら本学から巣鴨図書館へ行き、イベントを見学することができなかった。双方向で開催するイベントの場合、人員やスケジュール調整をしっかりおこない、互いの館

へ往来できるようにする必要もあると思う。

　さらに、今回学生ボランティアを募った。イベントの1か月ほど前からポータルサイトや授業内で告知する機会をもらい、非常に意欲的な学生が集まってくれた。彼らには設営・準備の段階から参加してもらったが、企画内容は職員が検討し、確定したものを実行してもらう形にとどまった。参加者の喜ぶ姿を見て「頑張って準備してよかった」と達成感を感じてくれていたが、今後は学生主体の企画・運営の場を作ることで、「達成感」だけではない、新たな学修の場を提供することが可能だと考える。

6．今後に向けて

　本イベントを実施した目的は、大きく分けて3つある。第1には、グランドオープンした新しい図書館の認知度向上である。コロナ禍ゆえに大々的に公開できなかった時期が長く続いたため、今回を機に、改めて大正大学附属図書館について知っていただき「また来たい、利用してみたい」と思ってもらえる空間となるよう努めた。

　第2には、地域利用に向けた試験的な開放である。本学は2023年5月より地域利用を再開したが、本イベントはその前段階の入館者数を想定することができた。

　そして、第3には、持続可能な形での地域連携の在り方を検討することである。担当者としては、本イベントを一過性のものにしてはならないと考えている。

　既述のとおり、今回、実施にあたっては、プログラム数と対応できるスタッフのバランス等を考慮することに努め、できる限り我々が持っているリソースを「無理のない範囲で」活用できないかと考えた。学生アルバイトおよび学生ボランティアも募り、運営に協力してもらった。新年度に向けて、どのような形でイベントを実施するかは現在検討中だが、より多くの学生を巻き込むことで、大学図書館ならではの企画としたい。

　今回の取組で改めて気づくことができたのは、図書館に対する思いやイメージは、さまざまあって良いということである。もう「図書館は静寂でなければならない」という時代ではない。しかしながら、図書館の空間をすべて音出し可能な空間に強いることも違うだろう。本学の場合、2階と3階の一部フロアは、声出し可能エリアとしており、自由にディスカッション等をおこなうことができる。一方4階フロアは「静寂エリア」として、私語厳禁のルールを課し、より読書や課題に集中できる空間を保っている。

学生や教職員にとっても「図書館」に対する考え方、「にぎやか」という言葉から連想される印象は、それぞれ異なるはずだ。イベント当日に印象的だったのは、互いを認め合いながら、それぞれの目的にあった図書館を活用している利用者の姿である。

　今回、館内探検ツアーに参加している児童のそばで、本学学生が課題に取組んでいる様子が見られた。「にぎやかな」という言葉は、多様な受け取り方ができるいい言葉だと思っている。本取組の結果、あらゆる世代の方に利用いただいたことも、ある意味「にぎやか」を体現しているな、と感じた。

　大切なのは、自分の考えを相手に押し付けるのではなく、尊重しながら、互いに快適に過ごすことができる空間づくりをサポートすることだと思っている。引き続きさまざまな取組に挑戦していきたい。

【注】

1　としまテレビ内「としま情報スクエア（豊島区広報番組）」にて、本取組を紹介した。2022年11月3日放送分［https://www.youtube.com/watch?v=bvYCng1UT8Y］（2023年7月30日閲覧）2022年11月26日放送分［https://www.youtube.com/watch?v=m54HI4QGADg］（2023年7月30日閲覧）

2　豊島区立中央図書館報 「図書館通信」第67号に寄稿した。［https://www.city.toshima.lg.jp/142/bunka/shogai/toshokan/kankobutsu/toshokantuusin/documents/tsushin67.pdf］（2023年7月30日閲覧）

7 オープンキャンパスの取組
—デジタルの活用—

1．はじめに

（1）オープンキャンパスの変化

　本学の新図書館は、2020年11月に竣工した。前年の2019年12月から世界中で猛威を振るったコロナ過での新図書館開館となった。念願であったラーニングコモンズを同じ建物内に組み込むこともでき、学生や教員に対し新しい学修の場を提供できるような環境が整ったはずであったが、肝心の学生や教員はコロナ過の為オンライン授業に切り替わり、せっかくの新図書館を利用してもらうことができない日々が続いた。

　このような状況の中で行われたオープンキャンパスも当然のようにオンラインで行われ高校生やご家族に大正大学附属図書館の魅力を最大限に伝えることがとても難しかった。そして見学者の方に直接感想などを伺うこともできず、歯がゆい思いをしてきた。

　それでもオープンキャンパスは行わなければならず、オンライン上でどのようにして大正大学そして図書館の魅力を最大限に伝えることができるかが、大きな課題となり図書館職員としても大いに頭を悩ますこととなった。

　コロナ過という特殊な状況下の中で、我々図書館員が行ってきたオープンキャンパスの取組について述べていく。

2．Z世代に向けたオープンキャンパス

（1）学内の連携

　オープンキャンパスでは多くの部署が関わっているが、図書館はどちらかというと他部署と連携を取るというより、図書館独自で展示・案内・見学を行っている。しかし18歳人口の減少により、大学への進学率は上昇するが、大学入学人口は減少するという問題が起こっている今、大学が存続していくためには、どん

な小さな取組でも学内での情報共有や連携を行うことが必須となる。

　オープンキャンパスの来場者には帰り際にアンケートを取っているが、その中に図書館見学についての項目が少なく、見学者のリアルな感想を受けとることがこれまでできていなかった。このような状況も学内と連携を取ることによって、詳しく図書館の感想や意見を受け通れるようにし、同時にその情報を他部署と共有することによって、他部署から図書館の情報を使用してもらうこともでき、学内での情報の共有及び連携が図れる。

（２）ICT の活用

　現在の高校生は「Ｚ世代」と呼ばれ、生まれた時からインターネットが普及し、デジタルデバイスが身近にある状態で成長してきている。彼らは常日ごろからタブレットを使用し、SNS を始めとしたソーシャルメディアと共に生活をしているため、図書館案内の資料も紙媒体で「読む」だけではなく、SNS や YouTube を活用した映像や音声による、「見る・聞く」図書館案内の方が、受け入れられやすいであろう。また、そのように図書館側からも働きかけていかなければならない。そのためには図書館職員だけではなく在学生の力を借り、より高校生の興味を引くような内容の情報発信にしていく必要性がある。

　大学としてもそうだが図書館としても、このようなソーシャルメディアを駆使した案内を目指していくことが今後の課題であり、このような形式のオープンキャンパスが現状の１つの到達点となりえる。このような考えに至ったのは、以前のオープンキャンパスでの図書館案内では、高校生や保護者に図書館の利用方法や資料の内容・所蔵冊数、高校の図書室と大学図書館の違いなど、決まりきった内容をお伝えするに留まっており、図書館案内終了後、質問を受け付けても保護者からの質問はあれど、高校生からの質問は皆無に等しかった。なぜ、高校生からの質問が無かったのか振り返って考えてみれば、高校生が知りたい図書館案内の内容ではなかったのである。せっかく高校生の意見を聞けるチャンスを、自ら無くしてしまっていた。

　Ｚ世代の学生に対して意見を求めるためには、アンケート用の QR コード・チャッドポッド・Forms などの媒体を駆使していくべきである。図書館見学後や自宅からでもアンケートに答えてもらうこともできるため、対面のオープンキャンパス時に人員的に図書館職員が少なく、見学者と直接対応することが難しくても、アンケートの集計で見学者が図書館のどこに興味を持ち、どのように感じたかをデータとして蓄積していくことが可能となる。

　実際に来校していただいてのオープンキャンパスが好ましいのは当然である

が、ソーシャルメディアを利用し、web上で図書館見学がいつでもできるようにすれば、遠方の方も図書館の施設・設備を自身の目で体験することができ、実際に大正大学に入学した後の自身の学修活動を想像することが可能となる。また家族での視聴も可能であるため、大学や図書館の雰囲気を把握することができ、安心して我が子を託すことのできる大学であり、環境であることを知ることができる。

３．図書館での取組

（１）新図書館になって初めてのオープンキャンパス

　本学の新図書館は、図書館だけではなく、ラーニングコモンズ・講演ができるホールなどを備えた総合学修支援施設である。本学学生だけではなく、地域社会とのつながりを持ち、人びとのサードプレイスとなるべく建設された。

　今までのオープンキャンパスでの図書館案内は、図書館職員や在学生目線での一方的な案内が多かった。もちろん在校生目線での案内は、高校生にとっても必要な情報と言えるであろう。しかし、どうしても画一的な説明ばかりになっていた。本学図書館が持っている貴重資料の展示を行うなど特色のある図書館案内を目指してきたが、果たしてそれが見学者が求めている図書館案内であったかのか、図書館独自でのアンケートを取ったことがないため、実際の見学者の図書館案内を受けての満足度は不明であり、図書館職員の自己満足の面が強かったと言わざるを得ない。

　また、図書館職員自身にも、総合学修支援施設となった新図書館でのオープンキャンパスに戸惑いがあったのも事実である。なぜなら新図書館で業務を行っていても、学生にとっての新図書館の本当の魅力を感じ取ることがとても難しかったからである。真新しい書架に並ぶ資料や、きれいな閲覧席・個人ブースやグループ学修室などが、そろっていても、やはり学生や教員が実際に図書館を利用している姿を目にしないと、どうやって図書館を使ってもらうか、どうやって学修に生かしてもらえるのか・利用してもらえるかを案内することが図書館職員の想像の域を超えず、今までの図書館案内と変わらない案内となる危険性があった。

　その考えから脱却するために、図書館職員で案を持ち寄り新たな視点からの図書館案内をするためには何が必要か、どんな仕掛けが効果があるかなど、さまざまな案を出し合った。

（2）動画へのアクセシビリティの確保

　今回、図書館案内に人員を割かず且つ、オープンキャンパスの見学者が自由に
ゆっくりと見学してもらうことと、見学者同志が密にならずに安心して見学して
もらうことを念頭に、オープンキャンパスの図書館案内を新たな視点から取組ん
でみた。今までの図書館案内を踏襲したうえで、更に新たな取組として図書館内
案内マップを作製（資料1）をした。図書館内の各階のコンセプトや書架の特徴
をショート動画に纏め、QR コード（資料2）を読み込むと、その場所の案内動
画を携帯やタブレットから見ることができる仕掛けを作ってみた。更にその動画
は YouTube で見られるようになっており、実際の場所を見学しながら説明動画
を見られるように工夫をした。

　しかし、初めての試みでもあったので、書架や施設の映像にキャプションを付
けるだけで精一杯だった。次回以降は、実際に図書館職員がその動画の中で、資
料を手に取りながらの案内をする動画を作成したい。また、図書館職員だけでな
く在学生の「先輩の図書館おすすめスポット」などのコンテンツも可能であれば
充実させたい。

【資料1】2 階案内図

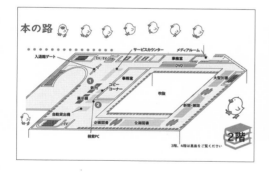

【資料2】QR コード　YouTube で視聴可

4．さらなるアップデート　―図書館も主役になるオープンキャンパス―

（1）高校生参加型のオープンキャンパス

　「大学図書館は、大学における学生の学習や大学が行う高等教育及び学術研究
活動全般を支える重要な学術情報基盤の役割を有しており、大学の教育研究に
とって不可欠な中核を成し、総合的な機能を担う機関の一つである」[1]とあるよ
うに、図書館とは大学において重要な役割を果たす機関である。

　そのような重要な役目を持つ図書館であるが、今までのオープンキャンパスは、

他大学も同様であると思うが、学科別ガイダンスや模擬授業を受けたり、入試対策講座等の内容が一般的であり、大学側からの説明を「聞く」ことが、オープンキャンパスであった。そして、学内の施設の見学は予定されているガイダンスや講座の間の時間を使ってされる方がほとんどである。そして、その空いた時間の見学の中に図書館見学をされる方がほとんどではないだろうか。

　そこで、大正大学図書館の魅力を最大限に伝えるべく、高校生の参加型のイベントや企画を考え、「大正大学のオープンキャンパスで図書館に行きたい」と思われるように、オープンキャンパスの目玉となるような、高校生参加型のイベントを行った。（資料３）

　また、本学の図書館は在校生に対し、「学びのコミュニティ」という講座を行っている。総合学習支援と図書館職員が企画立案している。単位には反映されないが、企画の面白さがあり人気の講座である。その中から高校生用に内容を変えても良いだろうし、在学生にもかかわってもらい、１つの物事を高校生の目線と大学生の目線の違いを体験してもらう。

　「オープンキャンパス＝入試や学科ガイダンス」という固定された考えから脱却を図る為にも、図書館が主役となるオープンキャンパスにしていきたい。

【資料３】オープンキャンパスでのイベント

イベントタイトル	内　　容
大学の資料を探そう －OPACを使ってみよう－	気になる資料を、OPACを使って検索して実際に書架に取りに行ってみよう！ 何冊見つけることができるかな？
新聞データベースを使って記事を検索してみよう	新聞データベースを使用して、自分の生まれた日の記事や、図書館職員が提示した「キーワード」を検索してどんな記事がヒットするかを、試してみよう。
日本の漫画と、海外で出版されているマンガを比べて、表現の違いを感じてみよう	世界的にも日本の漫画は認知され出版されているが、日本語の表現が海外ではどのように訳されているかを、調べてみよう。 また別の表現方法があるかを考えてみよう。

【注】

1　　文部科学省（2011）「(1) 大学図書館の基本的機能」[https://www.mext.go.jp/b_menu/shingi/gijyutu/gijyutu4/toushin/attach/1301607.htm]（2023年3月8日閲覧）

8 前橋文学館と連携した 萩原朔太郎展

1. はじめに

　これまで本館は、所蔵の貴重資料や図書を用いて展示を企画してきたが、基本は常日頃図書館を利用する学生・教職員、一部地域利用者へ向けた内容の展開であった。しかし昨今大学はより社会への貢献を求められており、大学のリカレント講座の開発、また生涯学習の機会の提供が文部科学省からも唱えられている。[1] それを踏まえ大学の図書館のこれからの在り方を考えた場合、図書館の従来からある情報資源を還元し、学びの機会を提供することはとても有益な活動であるといえる。

　「萩原朔太郎記念　水と緑と詩のまち 前橋文学館」が主催した「萩原朔太郎大全2022」への参加は、新図書館として大学の知的情報資源を広く社会に還元しつつ外部機関と積極的に連携する良い機会であり、この外部機関との連携は還元の場をより広げることができると考えた。

　今回のような広く一般の公開も踏まえた展示を検討・実行することは初の試みであった。職員にとっても大きなチャレンジであったが、地域一般に向けた大学図書館の新たなサービスの展開にもつながるものと考え、取組むこととした。

　企画を進めるにあたり、前橋文学館より朔太郎に関する貴重な資料を借用し、また本学からは朔太郎に関係する人物の資料として北原白秋などの資料を展示することを計画した。外部機関から資料を借用すること自体も初の試みであった。

　さらにこの企画は前述の資料の展示に限らず、今までにない展示企画とすることを意識した。開催を記念した特別イベントでは萩原朔太郎のご令孫である萩原朔美氏と懇意の本学表現学部長・榎本了壱教授の助言と協力を得た。また、企画のプロデュースを萩原朔美氏と師弟関係にある本学元教員・石原康臣氏に依頼し、これまでの展示の仕様に拘らない大胆な発想を取り入れることにした。これは図書館職員にとっても、図書館の資料を展示棚や書架に並べキャプションをつける等のこれまでの展示の枠を超える大きなイノベーションの機会となった。今回の

展示が、多彩に展開することができたのは、石原氏の手腕によるところが大きい。

　また、大学図書館として、学生に萩原朔太郎の詩と世界感について学びの機会を提供し、学生の知見を広げる機会となることも期待した。

【資料1】萩原朔太郎大全2022に参加したことによる大正大学図書館の外部連携図

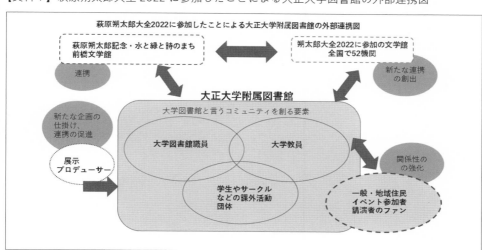

2. 展示内容

　本学は日本文学科等、人文系中心の学部群の大学であるが、特に萩原朔太郎の研究家は在籍しておらず、もともと朔太郎と特別な関係があった訳でもなかった。そこで今回は朔太郎の『周囲の人々を通して』をテーマにし、本学の校歌を作曲した北原白秋をはじめ、親交の深かった室生犀星など取り上げ展示を考えていくこととした。

　大学図書館を会場とするため、書架の一部を使用しての小規模の展示ではなく、図書館の特色ある空間を生かした館内全体の展示を試みた。しかし、そのためには複数の展示を準備することが必要となり大変時間を要した。

【写真1】展示の様子

（1）職員による展示

　展示内容は大きく３つに分けられた。１つ目は資料やパネル展示で、トータル９種の展示を行った。

【資料２】職員による展示一覧

	展示タイトル	内容	工夫した点
1	ふるさと・前橋	詩『広瀬川』や、朔太郎の育った前橋についての写真の展示	朔太郎の詩「広瀬川」と、実際の「広瀬川（朔太郎撮影）」の写真をならべリアリティのある展示をした。
2	朔太郎 周囲の人びと	朔太郎と親交のあった作家の貴重資料の展示 ・萩原朔太郎（1922）『月に吠える（第２版）』（アルス） ・北原白秋『大正大学校歌』（レコード） ・鳳晶子（1901）『みだれ髪』[2] ・中原中也（1938）『在りし日の歌』（創元社）　他	本学が所蔵している資料の中でも貴重な初版本を展示した。 北原白秋が本学校歌の作詞をしているため、そのレコードも展示した。
3	フランスへの憧れ	朔太郎が憧れていた「フランス文学」についての展示 ・永井荷風（2002）『ふらんす物語』（岩波書店） ・ボードレール（2008）『悪の華』（岩波書店）（2008）『パリの憂鬱』（岩波書店） ・バリバール（2002）『フランス文学の歴史』（白水社）　他	朔太郎と同時期に活躍し、実際に渡仏した永井荷風や、当時のフランス文学会を代表する作家の資料を展示した。
4	『猫町』の世界	猫町の世界観を紹介し、ショウペンハウエルの著作を展示 ・萩原朔太郎（1997）『猫町』（パロル舎） ・ショウペンハウエル（1941）『意志と現識としての世界』（改造社）　他	「猫町」のあらすじと、「猫町」冒頭のショウペンハウエルの言葉の解説によって、「猫町」の世界観をわかりやすくキャプションにした。

5	朔太郎 ゆかりの人々	室生犀星・北原白秋・芥川龍之介の著書を展示 ・萩原朔太郎，室生犀星共著（2021）『二魂一体の友』（中央公論社） ・室生犀星（1979）『或る少女の死まで』（岩波書店） （1994）『あにいもうと』（講談社） 　　　　　　　　　　　　　他 ・与謝野晶子（2001）『みだれ髪』（「みだれ髪百年記念会」） ・芥川龍之介『河童』（2003）（岩波書店） ・北原白秋（1987）『白秋抒情詩章抄』（岩波書店） （1972）『邪宗門』（日本近代文学館） 　　　　　　　　　　　　　他	朔太郎と交流のあった人々作品を展示した。 またキャプションでは、交友が始まったきっかけや、その後の彼らの交友について紹介した。
6	朔太郎が 生きた時代と 東京	文士村を当時の地図と著作の展示 ・田村景子（2021）『文豪たちの住宅事情』（笠間書院） ・堀辰雄（1970）『風立ちぬ』（日本近代文学館） ・世田谷区立郷土資料館（2018）『江戸・明治の肖像画』（世田谷区立郷土資料館） 　　　　　　　　　　　　　他	朔太郎は東京に出てきてから、居住を転々とした。その足跡を当時の地図を使用して表した。
7	私の朔太郎 『朔太郎論』	朔太郎を研究している方の著作を展示 ・坪井秀人（1988）『萩原朔太郎：感情の詩学』（有精堂） ・栗原飛雄馬「萩原朔太郎の愛した〈不思議〉手品・乱歩・『詩の原理』」（論文）	朔太郎の研究書・論文をファイリングして展示した。
8	朔太郎家の人々	長女・葉子氏と孫・朔美氏の著作展示 ・萩原葉子（1979）『父・萩原朔太郎』（中央公論社） （1997）『蕁麻の家』（講談社） 　　　　　　　　　　　　　他 ・萩原朔美（2008）『死んだら何を書いてもいいわ』（新潮社） （1992）『思い出の中の寺山修司』（筑摩書房） 　　　　　　　　　　　　　他	偉大な詩人を父や祖父に持った家族が、なぜ表現の世界に関わったのかを、キャプションで紹介した。家族写真も展示した。
9	朔太郎が 愛したもの	マンドリンを持った朔太郎のパネルと、朔太郎の写真集の展示 ・萩原朔太郎（1994）『のすたるぢや』（新潮社） （1981）『萩原朔太郎撮影写真集』（前橋市教育委員会） 　　　　　　　　　　　　　他	朔太郎は、マンドリンやカメラを愛好していた。詩人萩原朔太郎とは違う側面を紹介した。

　それぞれの展示とも、職員が展示内容を考えキャプションを作成した。また初版などの図書は一部使用したものの、ほとんどは所蔵の図書を用い、学生及び来場者が気軽に手に取れるものを展示したことも図書館ならではである。展示内容については、大学図書館として学術的な資料やテーマから派生する資料の展示などを心がけた。

（2）学生による展示

　2つ目の展示は、本学学生に協力を得たものである。サークル活動の一環として、朔太郎の作品からインスピレーションを受けた創作物など、それぞれのサークル独自の作品を提供してもらい展示及び放映をした。

【資料3】学生の協力による展示一覧

	サークル名	企画内容	工夫した点
1	放送研究会	朔太郎の詩の朗読と朔太郎の生涯について解説 ・詩：全16作品 ・『月に吠える』より「山に登る」 ・『青猫』より「青猫」　　　　　　　　他 ・朔太郎の生涯	来場者に館内を巡ってもらえるように、随所にパネルを配置した。
2	演劇同好会	朔太郎の詩の朗読 ・詩：全10作品 ・『散文詩・詩的散文より光の説』 ・『猫町』　　　　　　　　　　　　　他 インタラクティブボード等にて、随時放送	総合プロデューサーの石原氏と共に編集をおこなった。 また複数個所で放映した。
3	美術部	朔太郎の詩から学生がインスピレーションを受け作画したものを展示 ・『ぎたる弾くひと』 ・『悲しい月夜』　　　　　　　　　　他	学生の作品と該当する詩をパネルにし並べて展示した。

　幾つかの企画のなか、学生の作品展示はまさに大学ならではの企画であった。幸いにも図書館からの呼びかけに多数の学生が参加してくれた。その協力は大きく、演劇同好会は「朔太郎の詩の朗読映像」、美術部は「朔太郎の詩からイメージした絵」、放送研究会は「朔太郎の詩と解説を載せたポスター」を作成・提供してくれた。これらは多くの学生と来場者の足をとめていた。学生の豊かな発想による作品は、企画の幅を大きく広げてくれた。

（3）外部による展示

　3つ目の展示として、総合プロデュースを担当された石原氏と、本学に併設されているカフェや鴨台食堂に協力を得た。

	内容	内容	工夫した点
1	朔太郎の詩のレタリング	会場への入り口となるエレベーターや、展示棚に挟まれたガラス面に、朔太郎の詩のレタリングを施した。全6種 ・『月に吠える』より「猫」 『拾遺詩篇』より「ものごころ」	EVへのレタリングは、各階の展示へといざなうように施した。
2	朔太郎・朔美写真展	朔太郎が撮った写真と同じ構図で、孫の朔美氏が撮った写真を展示した。	朔太郎の写真好きと、朔美氏の創作活動への思いが同時に見られるように写真を配置した。
3	栞	朔太郎の詩の1篇と裏面には、石原氏デザインの朔太郎の横顔を模したロゴマークを配し、来場者に無料配布した。全34種	会期中、前・後半に分けて提供する栞を変えた。 学生と職員が1枚ずつ、手作りをした。
4	鴨台食堂	朔太郎展とのコラボメニューとして、朔太郎が好んだ洋食をメインにしたセットメニューを提供した。	メニューを数種類用意し、多彩な食事を楽しんでもらえるようにした。
5	カフェ	ラテアートの提供と、飲料カップにロゴシールを添付し、朔太郎展のアピールを行った。	ラテアートは、プロデュースの石原氏が朔太郎の横顔を模して作成した。

　石原氏には、ラテアート・栞などのデザインをお願いした他、この展示のために萩原朔美氏と手がけられた多数の写真を提供いただいた。朔太郎は当時としては貴重な写真を撮る趣味を持っており、前橋や都内、その他でも多くの撮影を行いその写真が残っていた。朔美氏はその写真と同じ場所、シチュエーションで写真撮影したものを作品として発表されている。石原氏の「少しでも多くの学生に朔太郎を感じてほしい」との想いで、館内20ある個室それぞれの壁に写真パネルが飾られた。一部は学生が動線上よく利用する通路にも飾られ、その存在感を主張していた。

　私達の発想を超えたのはエレベーターやガラスへのレタリングであった。館内のエレベーターの扉6つに、それぞれ朔太郎の詩がレタリングされ、大いに注目をひいた。また館内のガラス壁にも3か所にわたり大きく詩がレタリングされ、建物内を歩くと必ず朔太郎の言葉が目に入っている仕様に

【写真2】ガラスへのレタリング

なっていた。

　朔太郎の言葉に触れる機会のひとつとして栞をつくり、館内の数か所に設置した。栞にどの詩を印字するかは職員で検討し、34種の栞が用意された。デザインを石原氏にお願いしたものの、印刷しラミネートする作業が必要であった。印刷した栞を一つ一つ台紙から切り取り、ラミネート加工をかけ、さらにラミネート加工したその縁囲を切り取り、紐をつける穴をあけて紐を通す…この作業は職員の手をかなりかけることになった。ここでも学生の力を借り、準備を進めていった。この栞は来場者に好評であった。

　また建物内のカフェ「CAFE GAMALL（カフェ・ガモール）」にて朔太郎の横顔をイメージしたラテアートの飲み物の提供に加え、学内のレストラン「鴨台食堂（おうだいじきどう）」では朔太郎展コラボメニューが展示期間中加えられた。今回料理長に朔太郎と食にまつわる作品を提示しつつ企画を相談したところ、朔太郎が好んだバターをたっぷり使った料理など何度も楽しめるようメニューを数種類考案・提供してくれた。飲み物としてラムネが添えられ、またデザートにはマンドリンをかたどったチョコレートが盛られたプレートが出るなど、遊び心が込められたメニューとなり、期間中に大変好評を得た。

【写真3】　コラボメニュー

3．取組の特色や工夫

　本館の展示のポスター、チラシも準備され、学内での貼りだしのほか、都内の公共施設に送り宣伝を図った。大学のホームページでの宣伝のほか、図書館のTwitterも活用しPRしたところ、期間中115名の方が（11月16日のイベントを除く）来場してくださった。

　職員は図書館の所蔵図書を用いた展示作成を担当し本のピックアップやキャプションを準備したが、そのディスプレイにも拘った。キャプションのパネルをデザインし、協力してその作成にあたった。ほとんどの職員が糊パネルを扱うのが初めてであり、作成後も如何に見やすくセッティングするかには苦心した。作品にあった朔太郎の詩も適宜パネルにして、より朔太郎を感じてもらう、また展示

の理解を深めてもらうように考えた。今回会場の案内や解説など、大小あわせて50を超えるパネルを作成し設置した。

また11月16日には特別イベントを実施したが、このイベントに合わせ、前橋文学館から朔太郎直筆の原稿と手紙を借用することができた。ちょうど図書館と豊島区立図書館のイベント「にぎやかな図書館祭（フェス）」開催時期とも近く、区民の皆様にも見て頂く良い機会であった。前橋文学館には多大なるご協力をいただき、無事貴重な資料を展示し、多くの方に見て頂くことができた。また吉増剛造氏と萩原朔美氏の図書展示も設置するなど、イベントを盛り上げるように会場を整えた。

【資料5】ポスター

4．特別イベント

今回朔太郎展は、展示のほかに特別イベントを計画した。一般の来場者が多く参加することも見込み、また今後のイベント企画を発展させるためにもゲストをお呼びすることにした。本学の榎本了壱表現学部長と萩原朔美氏は若いころから親交が深く、カルチャー雑誌「ビックリハウス」（1974年から1985年まで刊行）を編集した仲である。このお二人と本館の稲井達也図書館長の鼎談のほか、詩人の吉増剛造氏の講演会を企画した。

吉増氏への交渉、講演内容の決定、講演に必要な資料の準備、鼎談の打ち合わせや来場者申し込み受付、イベントに必要な機器の手配などイベントのための対応が日々続いた。

11月16日当日、来場者53名を迎えイベントは開始した。吉増氏の講演は『天ノ河原』と題し、前橋で撮影された映像を交えつつ話がスタートした。ご自身が前橋の廣瀬川で感じた朔太郎への想い、また東日本大震災の被災地に赴いて感じたこと、その地で感じた朔太郎にも通じる想いなどを熱く語ってくださった。加えてご自身の詩『古代天文台』の朗読もいただいた。

続いて行われた鼎談『詩人の言葉、詩人の人生』では、朔美氏と榎本学部長、稲井館長が並んで座り、稲井館長の進行のもと穏やかに始まった。いくつかの話題の中、朔美氏は詩集『月に吠える』を手元で広げつつ朔太郎の詩について、言葉の意味よりその音を重要視していること、散文の言葉と詩の言葉の使い方の違いについてなどを語られた。随所に朔美氏の朔太郎作品や詩への想いが語られ、始終興味深い話が展開された。朔美氏による朔太郎の詩の朗読も行われた。鼎談中に詩の言葉使いについて語られた後であり、その朗読に来場者も注意深く耳を傾けていた。その他会場からは多くの質問応答もあり、イベントは盛り上がりつつも無事に終了した。

【写真4】イベント当日の様子

【資料6】特別イベントのスケジュール

開催日：11月16日（水）14：30 〜 18：00
会　　場：8号館1階
登壇者：・吉増 剛造氏（詩人）
　　　　・萩原 朔美氏（前橋文学館）
　　　　・榎本 了壱（表現学部長）
　　　　・稲井 達也（大正大学附属図書館、
　　　　　　　　　　　人間学部教育人間学科教授）
内　　容：14：30 〜 14：40　開会挨拶
　　　　14：45 〜 16：00　詩の朗読、吉増剛造氏の講演『天ノ河原』、
　　　　　　　　　　　　　質疑応答
　　　　16：10 〜 17：30　萩原朔美氏、榎本了壱、稲井達也による
　　　　　　　　　　　　　鼎談『詩人の言葉、詩人の人生』、
　　　　　　　　　　　　　質疑応答
　　　　17：30 〜 17：50　萩原朔美氏による詩の朗読
　　　　17：50 〜 18：00　閉会挨拶

5．成果と課題

　朔太郎展では、従来の図書展示や貴重書展示に限らない形で朔太郎にアプローチすることを試み、実施することができた。今まで展示については、図書館として本や資料をいかに用いるかという発想が主であった。朔太郎展では館内のエレベーターやガラスへのレタリング、栞の配布、カフェと食堂とのコラボレーションなど図書館としての展示には拘らずに朔太郎を表現した。所蔵図書の展示にしても、館内の随所に展示場所を設け、館内を巡ってもらうように企画した。また当館から文学館などに貴重書を貸し出すことはあっても、反対に文学館から貴重な資料を借用するということは初めてであった。学生に図書館からテーマを出して映像や絵画を募集・展示したことも、初であった。今回は図書館の空間全体を使い、朔太郎展を展開することができたのではないだろうか。規模としても過去最大であり、外部に公開するということも初めての体験であった。

　この展示はプロデューサーの石原氏の力を借りながら、職員がそれぞれ朔太郎の詩や思考をどのように展示するか、表現するかを考え、大正大学附属図書館独自の展開にすることができたと考える。業務の合間に職員もそれぞれ朔太郎の人生を追い、作品を読んで展示のキャプションの内容を検討したり、栞のための詩の選定を進めた。展示コーナーの担当を割り振り、それぞれがキャプションを作成し文章を確認しあった。キャプションボード貼り付けなどの手作業も分担して進め、徐々に完成に近づけた。その他にも石原氏と栞のデザインやカフェラテアートの打ち合わせを行い、平行して特別イベントの企画を進めていった。

　このように外部機関との連携した展示は初めてだったものの、約2か月の間「萩原朔太郎大全2022」に参加をし、萩原朔太郎についての周知も図ることができ、学内外から良い評価のお言葉を頂くことができた。

　今回は萩原朔太郎の展示であったが、職員それぞれが展示対象、その作品に向きあい理解を深めた上で展示に取組む時間が一層必要である。理解を深め自分の興味が深まった時に、展示のアイディア、またイベントの企画内容などが沸いてくると思われる。今回の企画のため職員それぞれが朔太郎作品に向き合ったが、生半可に理解できる作品群ではなかった。石原氏はじめ多くのご意見に助けられ開催に至ることができたが、自分達で発想、企画をするためには作品への理解が必要である。

　イベントについても経験不足が目立ち、当日の照明や立ち回りには逐一職員が対応することとなった。但し今後の一般の来場者を想定したイベント実施に向けて、良い経験になったことも多かった。

6．今後に向けて

　　今回、図書館で初めてこの規模の展示を経験したことによって、図書館員が自ら動き、他機関や他部署との連携を深めるという一連の流れをそれぞれに体験することができた。今後はスケジュール構築を含め、経験を重ねていくことも必要である。外部機関との取組は、自館の図書やこれまでの展示を見直し、ヴァージョンアップさせる良い機会になる。今までにないアプローチが求められるし、思い切った展開をする後押しもしてくれる。チャンスがあるならば是非受けるべきものと考える。今回の朔太郎展に参加したことにより、前橋文学館以外にも関係性を広げることができた。「朔太郎大全2022」に参加した機関の幾つかに見学に行ったが、中でも比較的距離の近い北区の田端文士村記念館とは朔太郎展をきっかけに交流の機会を得ることができた。こういった交流が、今後の企画にも影響してくるものと考える。

　　外部機関との連携を推進するために、今後は自館から外部機関に話を持ちかける企画力も必要である。そのためには、図書館に限らず色々な催しに興味を持ち、今後の参考として吸収していくことが求められる。興味惹かれる企画に出会った際など、自館であればどう展開できるかを検討してみるためにも、自館の所蔵図書や資料の再認識しておくことも必要である。

【注】

1　　大学等におけるリカレント講座の持続可能な運営モデル構築事業について［https：//www.mext.go.jp/a_menu/ikusei/manabinaoshi/mext_01260.html］（2023年4月2日閲覧）

2　　『みだれ髪』初版が発表された1901年8月15日時点では、鳳姓である。その後、与謝野姓となった。

9 図書館としての 積極的な情報発信
―図書館総合展への参加を通して―

1．はじめに

（1）企画の背景

　これまでの大学図書館は、一般論として、使う人がアクションを起こさなければ使われないという、いわばやや受け身な姿勢に委ねられたままだった面は否めない。それでも、大学図書館は存在することに意味があり、欠かせない機関ではあった。情報発信も同じような姿勢が自然な面があった。

　誰もが簡単に情報を手に入れることができる時代のいま、これまでのような受け身の姿勢のままでは、大学図書館は興味のある人、目的がはっきりした人だけが利用する場所でしかなくなってしまう。

　これからの大学図書館は、積極的に自ら学修や研究支援の環境を提供していることを情報発信していくことが重要になる。つまり、攻めの姿勢である。

（2）参加の目的

　大学はコロナ禍において、オンライン授業に見られるように、大学図書館として前例のない取組を重ねた。

　本学図書館では、コロナ禍においても、本書で報告しているように、学生への学びの機会の提供を試みた。学修支援が疎かにならないように、さまざまな活動を工夫した。その取組を学外へ発信することには意味がある。コロナ禍の収束後を見通して、これまでの取組をさらに発展させていくためにも、"図書館総合展"に参加することを決めた。

（3）コロナ禍での取組を発信

　本学の新図書館は、コロナ禍にあって2020年秋グランドオープンした。この2020年度はオンライン授業となり学生の来館はなく、図書館の利用がどうなっていくのか先が見えない状態だった。「来てもらえない」、「利用してもらえない」、

「来てと言えない」状況は、職員にとっては受け入れることができない状況であった。このどうすることもできない状況に追い込まれたことが、図書館職員にとっては大きな転機になった。

　この状況を逆転の発想でこれまでの図書館の姿勢・常識にとらわれず、積極的に学びの機会提供に取組んだ。

　具体的には、本学の学生にはオンラインでの図書館ガイダンス、課外活動団体の紹介イベント、そして大学図書館の独自講座「学びのコミュニティ」などが挙げられる。外部に対しては、高大連携のつながりのある高校の生徒とのオンラインを含めた交流、他機関との連携イベントを実践した。

2．出展に向けての検討と準備

（1）参加テーマ「ポスト・コロナを切り拓く図書館」の設定

　実践してきたことを発信するだけなら、ニュースレターとしてまとめて発信することで事足りる。しかし、私たちの取組を外部に発信することによって、大学の認知度やイメージ構築に少なからず貢献するはずである。その意味で、参加に当たっての「テーマ」には、時代性が必要であり、私たちの実践を端的なテーマとして反映させる必要がある。課内での検討の結果、図書館総合展2022への参加テーマは「ポスト・コロナを切り拓く図書館」とした。

　コロナ禍は、これまでの価値観を相対化し、新たな価値を生む契機となった。そして、ポスト・コロナが到来した。参加テーマの背景には、私たちの思いもまた込められている。

（2）テーマと「ぶれないコンテンツ」の確定

　テーマが決まってからは、具体的なコンテンツの検討を進めた。参加者は私たちの実践の何が知りたいと考えるだろうか、そのような「見る側の視点」を加えて検討を重ねた。

　伝えたいこと、やってきたことなど、コロナ禍において試行錯誤した日々の気持ちが溢れたのは正直なところである。納得のいくコンテンツを確定できたのは、出展を決めた7月から2か月が経ち、9月の末近く図書館総合展の開催まで残り1か月程度のころだった。

　私たちの実践での問題意識としては、コロナ禍で外部との交流が遮断されていた2年間から、外部へとの連携を絶たずにどう図書館という場所を「サードプレイス」としても提供していけるかという点にあった。

コロナ禍の終息を見通した外部との連携での大きなイベントとしては、「萩原朔太郎大全2022」への参加、豊島区との連携イベント「にぎやかな図書館祭^{フェス}」の2つがあった。この2つは報告を鮮やかに彩るものとしたかった。

　胸に去来するさまざまな思いとともに、"図書館総合展„での情報発信に向けて、コンテンツの準備が始まった。

（3）コロナ禍で挑戦した企画の振り返りと聞き取り

　コンテンツを決定するに当たっては、コロナ禍における学生への学修支援に焦点を当てて、小テーマを設定した上で、コンテンツの詳細な内容を決定した。

　特に、図書館職員が企画し、運営する独自講座「学びのコミュニティ」を際立たせることは、本学の図書館の理念である「サードプレイス」（第3の居場所）を明確に伝えることにつながると考えた。これはオンラインが中心で行動が大きく制限される学生の学びの環境の中で取組んだ実践である。私たち職員の挑戦であり、今でも継続しており、さらなる充実を目指している。

　また、外部の機関との連携した企画は、世間のコロナへの意識を熟慮したうえでの調整が多く、ぎりぎりまでの苦労が多かった。しかし、それぞれの企画で高校生、地域の方々や本学の学生など、さまざまな交流が生まれたことは大きな実りだったと感じている。

　これらの各企画・イベントについて情報を整理し、実際のウェブページの制作に取りかかった。

【資料1】図書館総合展2022のウェブ出展で制作したコンテンツ一覧

コンテンツの小テーマ	コンテンツの内容
図書館の新しい取組の経緯	・新図書館の建設 ・コロナ禍での大学の対応
学生の新しい学びに向けた取組	・図書館の独自講座「学びのコミュニティ」
ガイダンス	・利用支援への新たな取組 ・全1年生（約1,300人）に対しオンラインを利用し同じ授業内で図書館ガイダンス実施 ・図書館の中のアクティブなエリアで課外活動紹介のイベント開催
高大接続の取組	・赤羽北桜高等学校との取組
コロナ禍終息後を見通した 外部機関との取組	・にぎやかな図書館祭^{フェス} ・水と緑と詩のまち前橋文学館との同時期イベント「萩原朔太郎大全2022」への参加「萩原朔太郎～周辺の人々を通して～」
動画の紹介	・図書館紹介

3．取組の特色や工夫

　今回参加したのは、"図書館総合展„ のポスターセッション部門だった。これは独立したウェブページを自由に作成できるというものだった。

　次の点について留意しながらコンテンツ制作にあたった。

・縦にスクロールする構成のため、情報を詰め込みすぎないようにレイアウトを工夫した。
・ページ内で読みたい情報部分にアクセスできるよう、コンテンツごとにリンクを設定した。
・実践の状況をリアルに伝えるため、写真・動画をできるだけ多く取り入れるようにした。

　ウェブページを作成の経験やスキルがなくても、情報を取捨選択し、整理し、配列を工夫することで、見やすいものにすることは可能である。技術的なことについては、同じ部署内や学内の職員の知恵を借りることが不可欠である。

　私たちの図書館では、できるだけ教育活動やイベントなどの動画撮影を行い、記録として残しておいた。これらをコンテンツとして活かすことができたのは大きい。

　ウェブページの利点は、動画をつけたりリンクをつけたりすることもできる点である。訪問者には動画を視聴してもらえることにより、リアルに情報を伝えることができる。

　説明をする文章はできるだけ簡潔に表現し、写真・動画やポスターなの視覚効果を最大限に活かせるようにした。説明の文章は、書体を奇抜なものにせず、オーソドックスな書体をバランスよく配置するようにした。

【資料2】ウェブページのトップ画像

【資料３】 学内掲示ポスター

【資料４】 ウェブのインデックス・ページ

【資料５】 実際のウェブページの一部

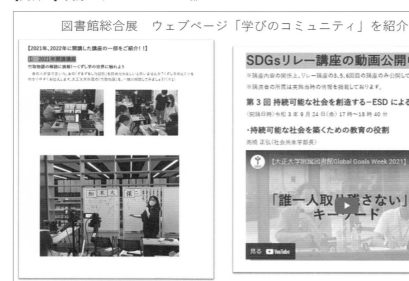

4．成果と課題

　12月に入り、図書館総合展の開催期間中の閲覧回数が公表され、私たちが参加したポスターセッションは参加57団体中、6位という結果がでた。初めての挑戦で、この結果に達することができたのは、これまでの私たちの取組に興味・関心を持ってもらえ、一定の評価がなされた結果と考えていいのではないか。

　しかしながら、成果を判断する指標としては、アクセス数という数量的なものにとどまるため、質的な外部評価は不明のままである。訪問者の率直な意見の集約はどうしても必要であろう。例えば、ウェブページ内にFormsを活用したアンケートのリンクを設けるといった工夫があっても良かったと考えている。

　また、学内には館内を含め、主催者によるチラシとともに参加をPRするポスターを掲示した。本学図書館の取組を明確なねらいを持って学内にも発信することは教育活動の広報の観点から見ても、きわめて大切である。その工夫の仕方は今後の課題でもある。

5．今後の展開

　今後は対面による元の形式の図書館総合展開催へと戻るだろう。その際、情報発信の方略はウェブ参加とは大きく異なる。新たな知恵とともにスキルも必要となる。

　大学図書館の対外的な情報発信は、大学のイメージづくりやブランディングに貢献する。大学図書館には授業や研究を支援する。ある意味では補完的な役割だけではなく、大学図書館が自ら行う教育活動そのものに教育的な価値をつくり出すことが求められている。大学での図書館活動をさらに価値あるものへと発展させていくためには、不断の努力は欠かせない。

　そして、学内外に図書館の取組を積極的に発信し、厳しい意見にさらされることによってこそ、切磋琢磨されていくはずである。

　今後も前例にとらわれない果敢な挑戦を重ねていくことが大切である。私たちの挑戦は今後も続く。

市民による、市民のための
「まちライブラリー」を考える

　図書館は人と人とを繋ぐ場所である。市民による市民のための図書館がある。それが「まちライブラリー」である。

　この活動の提唱者は礒井純充氏である。「まちライブラリー」は、IRI知的資源イニシアティブのLibrary of the Year 2013の優秀賞受賞により、一躍有名になった。早稲田大学友成真一教授によれば「まちライブラリー」とは、「「まち」ごとに「まちライブラリー」（学びあいの場）を設け、参加者自らが課題を持ち込み、グループで議論し、「まち」を元気にするプランを作り、実行していくこと」によって「「縁」のはたらきを活発化させる一連の活動」のことであるという。

　当初は「まち塾@まちライブラリー」として活動をスタートしたそうだが、このネーミングも奥が深い。「まち塾」には「学びあう機会、触発される仕組み」、「まちライブラリー」には「学びあう場」という意味が込められているそうだ。

　礒井氏は、森ビル株式会社文化事業部長として、アークヒルズのメインタワーであるアーク森ビル36階に最先端のビジネスを学ぶことができるアーク都市塾やアーク・アカデミーヒルズ（当初は慶應義塾大学湘南藤沢キャンパスのサテライトとしてオープン）を開設し、また、六本木ヒルズ開業後は、森タワー49階に会員制の六本木アカデミーヒルズを開設するなど、森ビルの文化事業全般を統括する責任者として活躍されていた方である。

　礒井氏は、六本木アカデミーヒルズでのライブラリーの事業化を進めるための調査の中で、「図書館が書籍の収集や保存、貸出しといった活動から、いかに本を利用してもらうかといったことにも関心を広げ、その主体も本から利用者、つまり人へと移っていると感じ」さらに「知識と人材の交流の場としてライブラリーは理想的な活動だと思った」と述べている。

　こうした礒井氏自身の経験や体験を生かして考案された「まちライブラリー」は、単に本を持ち寄ってワークショップを展開するだけではなく、そこに「学びあい」という仕掛けを組み込んだ。主宰者も参加者も世代や性別、社会的な地位を超え、そこに集う一人ひとりが主役になり、「長く続けられる学びあいの関係を作る」といった目標や「やれる人がやれるだけのことをして、やれないことまで無理をしない」という運営方針がある。いつでも、どこでも、だれでも始められる、あるいは場所がなくたっていい。決まった日、決まった時間にやらなくてもいい。この活動の特徴は全てが徹底的に優しいことである。

さて、ここで筆者が「まちライブラリー」を取り上げた理由を記しておきたいと思う。2005年5月、大正大学が立地する西巣鴨のミクロな課題を調査・研究していた社会福祉学専攻の大学院生たちが、その成果を還元・実証する場として、地元商店会と連携し、地域の居場所「大正さろん」をオープンさせた。ところが時が経つにつれ、課題やニーズが次々と寄せられ、全く人手が足りないことが浮き彫りになる。事業の持続可能性を考えた時、ヒト・モノ・カネのマネジメントは必須であるが、学部生は4年で、大学院生は2年で羽ばたいていくし、そもそも学部生はアルバイトで忙しい。運営に教職員も携わっていたのだが、昨今の大学教員は教育・研究・社会貢献に加え大学運営にも全力投球せねばならず、職員は職員で第二・第三の仕事として関わらざるを得ない。いわゆる「えんがわ事業」は収益性に乏しいので、区のスタートアップ支援の3年が過ぎると途端に資金が行き詰まる。関係する教員の努力で9年続いたものの、最終的に事業継続を断念せざるを得なくなってしまったが、この取組で得られた知見は決して小さくない。

　その後、東日本大震災の復興支援で宮城県南三陸町に深く関わったことを契機に、大学が「地域人主義」を掲げて地域創生学部や地域構想研究所を設置し、加えて、筆者が2014年4月から約1年間、図書館事務部長として図書館改革を進める中で書籍『本で人をつなぐ　まちライブラリーのつくりかた』に出合った。

　「まちライブラリー」のコンセプト、文中に溢れ出る礒井氏の思いには、近年の国の教育施策のキーワードである「学習者中心」「学びあい」「個別最適な学び」「知的交流」「知の拠点」「地域人材の活用」「探究学習」「マイプロジェクト」「文理融合」に共通する言葉が数多く出てくるし、NPOでの経験から「やれる人がやれるだけのことをして、やれないことまで無理をしない」という運営方法は魅力的で、何とか学内で展開しようと画策してみたものの、それが叶わぬままあっという間に数年が経過してしまった。

　そんな折、2021年8月に竣工した8号館1階の「本の街」は、学生と地域住民の知的交流の場としてデザインされ、シックな配色の書架があり、テーブルや椅子があり、カフェもある。「まちライブラリー＠大正大学」にジャストフィットだ。学生×地域住民×教職員でまちを育もう、巣鴨・庚申塚エリアにたくさんの「まちライブラリー」を産み出す拠点にしたい。礒井氏の思いから、こんなことを考えるようになった。

【参考文献】

・礒井 純充『本で人をつなぐ　まちライブラリーのつくりかた』学芸出版社，2015年．
・友成 真一「まちライブラリーからのメッセージ」[https://machi-library.org/what/greeting]
（2023年7月30日閲覧）

第3部

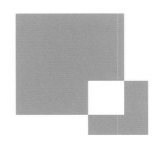

大学図書館の
組織的マネジメント
―これからの時代の
新たな学びを切り拓くために―

1. 図書館長の果たすべき役割

　大学の附属図書館長とは学内においてどのようなポジションを占めるのだろうか。あくまでも一般論としてではあるが、附属図書館長という職は、対外的には学長、副学長に次いで、大学院研究科長と並ぶ地位の高いポストとされている。しかし、実際に学内では重視されているポストとは言い難いだろう。大学の組織運営での位置付けにもよるが、図書館長は教学マネジメントに対して発言力が求められているわけではないように見える。

　2010（平成22）年に科学技術・学術審議会学術分科会研究環境基盤部会より公表された「大学図書館の整備について（審議のまとめ）―変革する大学にあって求められる大学図書館像―」[1]において、次のように図書館長について取り上げた。

【資料1】（4）大学図書館の組織・運営体制の在り方1. 各大学における戦略的な位置付けの明確化

> 　大学図書館は、各大学における学術情報基盤であるとの認識に立って、大学の情報戦略についてイニシアチブを発揮することが重要と考えられる。
>
> 　各大学において、大学図書館は、その果たすべき役割・機能の変化を踏まえ、中・長期的な将来計画を策定する必要がある。それを役員会等に提示することや、全学的な理解を得ることを通して、大学全体の将来構想並びにそれに係るアクションプランの中で、重要な学術情報基盤としての大学図書館の戦略的な位置付けを明確化し、改めて学内外に向けてアピールしていくことが重要である。
>
> 　その際、大学としての情報戦略の下で、大学図書館が、学内外の知の集積拠点であり、そのアクセスの窓口として機能するため、学内組織が管理する各種情報との連結を図る等、学内における知識・情報流通の結節点と位置付

ける仕組み・システムを構築することが必要である。大学図書館の役割の重要性から、図書館長の学内的位置付けを高めるとともに、図書館長の選考方法や任期の適切な設定、あるいは専任制の導入について検討する必要がある。例えば、国立大学においては、法人化後、理事が図書館長を兼ねる大学もあり、平成22年10月現在、約35%の大学で理事や副学長が図書館長を兼ねている。また、情報担当理事、即ち図書館長が情報化統括責任者（CIO）を兼務する例も多い。これらの場合にあっては、大学図書館の機能発揮及び円滑な運営を確保する観点から、図書館長を補佐する副館長制の導入についても検討する必要がある。

　公立大学においても、図書館長の学内的位置付けを高めるとともに、図書館長の選考方法や任期の適切な設定について、同様に検討する必要がある。その他、図書館長は、学術情報の管理運営、大学図書館運営に精通する人材が学内で十分に確保できない場合、必要に応じて学外の専門家と連携、若しくは登用するなどにより、方針の決定及び運営ができるような仕組みを検討する必要がある。

　また、私立大学についていえば、図書館長が大学内外における責任ある主体としてそのイニシアチブを発揮することができるような位置付けが一層明確にされる必要がある。また、大学図書館が重要な学術情報基盤であるとの認識の下、大学図書館運営を統括する図書館長が大学全体の学術情報基盤を充実させる責任の一翼を制度的に担うとともに、大学の内外に対して学術情報基盤に関わる施策を広く周知させる責任の一端をも積極的に担うべきである。

　図書館長がリーダーシップを十分に発揮して、持てる資源を機動的・効果的に運用することを可能とするためには、全学の図書館に係る経費と職員を、一元的に管理する体制の構築は重要である。

　大学図書館は、大学全体の目標・計画に基づく、具体的な戦略を主体的に立案し実施し、また、それに連動して独自の点検・評価システムを導入することにより、定期的な評価結果を運営に反映させるという循環を定着させる必要がある。

教学マネジメントとは、大学が教育目的を達成するために行う管理運営のことを指す。教学マネジメントにおいては、学長のリーダーシップにより、卒業認定、学位授与の方針、教育課程編成・実施の方針、入学者受入れの方針（三つの方針）の確立を図り、体系的で組織的な教育の展開を推進するとともに、成果の点検・評価を行うことが必要とされている。[2]

　これからの教学マネジメントにおいては、図書館長も役割を果たすことが求められている。少子化が著しく、大学経営に対しても厳しい判断が求められる今日にあって、大学は教育、研究、社会貢献において実績をあげていかなければ、生き残ることはできない。とりわけ学生への教育を一層充実させていくことが求められている。このことは高等教育に限らず、筆者が長年にわたって身を置いた中等教育においても顕著である。その状況は現在も続いている。

　2000年代の新自由主義の急速な進展に伴い、学校教育はサービスの一つとして、消費者である保護者や児童、生徒、学生から選ばれる存在となった。そのことに対する批判は承知しているが、人口減少社会はその傾向に拍車をかけている。質の高いサービスを提供しなければ、学校は生き残れなくなっている。実際、小・中学校と高等学校では、学校の適正配置のために統廃合が進んだ。

　学生に対して、より質の高い教育サービスを提供する「大学教育の質の保証」という視点は、これまで批判にさらされながらも、既に高等教育に定位されたといえるだろう。多くの大学は学生を選ぶのではなく、学生に選ばれるために実にさまざまな努力を重ねている。より質の高い教育サービスという場合に、授業はその主軸となるのは言を俟たない。同時に、大学の教育環境は学生から選ばれるための大きな要素といって良いだろう。その一つが附属図書館である。これからの大学図書館は、単なる施設・設備としてではなく、学修支援のための質の高いサービスを提供するという、いわば教育機能としての要素を強化していくことが必要である。

　また、教育を担う教員は、教学マネジメントの観点から、事務局職員と一体となって大学経営に対する意識を持って取組むことが求められている。そして、図書館長は教育と研究を担当する部門の責任者として、教学マネジメントを通して、積極的に大学経営に関与することが大切である。ただし、教学マネジメントは大学の規模や学風によって大きく異なるため、一般論化することは難しい面がある。

　2009（平成21）年7月から2010（平成22）年3月末まで文部科学省が設置した「これからの図書館の在り方検討協力者会議」（資料2）[3]では、公共図書館の図書館長の役割、図書館と他の機関との連携・協力についても提言された。この提言は、公共図書館について示したものであるが、大学図書館経営にとっても

必要な視点であり、参考にできるものといえる。

【資料２】「これからの図書館の在り方検討協力者会議」これまでの議論の概要（抜粋）

１．趣旨

　図書館は，人々の生涯学習の場として，学習活動の振興と文化の発展のために幅広い活動を通して，社会の発展に大きく寄与してきたところである。人々の学習目的や学習要求がますます多様化・高度化していること，及び時代の進展・変化に伴う新たな社会の要請に対応して，今後より一層積極的な役割を果たすことが求められている。

　このため，今日の図書館の現状や課題を把握・分析し，生涯学習社会における図書館の在り方について調査・検討を行う「これからの図書館の在り方検討協力者会議」を設ける。

Ⅲ　これからの図書館サービス実現のために必要な取組
１　図書館経営
（３）図書館長の役割
ア　図書館を社会環境の変化に合わせて改革するには，図書館の改革をリードし，図書経営を中心となって担う図書館長の役割が重要である。
イ　図書館の運営の方向を定める図書館長の役割はもっと重視されるべきである。図書館長は，図書館の役割と意義を十分認識し，職員を統括し，迅速な意思決定を行うことが必要である。それには，実質的に経営を行うのに必要な勤務体制と権限を確保する必要がある。

（４）図書館と他の機関との連携・協力
（４−１）連携・協力の在り方
ア　近隣の地方公共団体が協力して，図書館間の連携を図り，サービスエリアを拡大して他の図書館のサービスも受けられるようにすることが望ましい。
イ　資料の保存，相互貸借，データベースの維持等を，周辺市町村の図書館及び他の機関の図書館との協力組織によって行うことを検討する必要がある。財政規模が小さな自治体であっても，一定程度のサービスが確実に保障できる仕組みがあることが望ましい。
ウ　図書館は，広範な知識や情報を提供するため，他の公の施設とは異なり，ネットワークを前提に事業を行っている。この特徴を踏まえた運営管理が

必要である。

 エ 図書館間のネットワーク形成，運営の経費負担のあり方について検討が
  必要である。コンソーシアムの設置や協力協定などの工夫が必要である。

２．イノベーションとしての大学図書館—経営理念と経営計画の大切さ—

 大学図書館の組織的なマネジメントという場合、広義には大学の組織的運営の
中で捉える視点、狭義には図書館担当部署の中で捉える視点が挙げられる。広義
の視点に立つ場合に、図書館長は寡黙にしているのではなく、積極的に学内外に
情報発信をすべきである。

 図書館は予算規模はけっして小さくはなく、予算に即した取組に関して学内に
説明責任を果たす必要がある。図書館予算の規模が大きくなりがちであるがため
に、得てして経営側の理解を得にくい面がある。だからこそ、予算や事業の前年
度踏襲ではあってはなるまい。

 情報資源の組織体である図書館が主体的に見通しを持って、戦略的な取組を行
う必要がある。このことにより、大学の教育環境や研究環境に新たな地平を切り
拓くことができる。つまり、図書館としてチャレンジすることが必要であるとい
うことでもある。ただし、そのチャレンジは、イノベーティブであるべきである。
イノベーションは、業務の見直しと改善から始まる。発想の転換が必要である。

 新しい図書館のオープンに当たって、私が何より大切にしたのは、図書館の基
本理念である。そして、理念がないと、人事異動で人が変わり、当初のことを知
る人がいなくなった時、図書館が大切にしてきたものがたちどころに失われてい
く。理念は図書館経営を普遍的に規定するものでもある。時の経過とともに理念
も変わるかといえば、全く変わらないわけではない。当初の理念に磨きをかけて
いけばいいのである。

 新しい図書館の基本理念をひとことで表現するなら「創発」であり、このこと
は「これからの大学図書館の役割を考える」で述べた通りである。

 新しい図書館は、１階にラーニングコモンズ、２階から４階を図書館、４階に
は礼拝ホールを設けた複合施設であり、総合学修支援施設である。開館に当たっ
て、次のような「めざす図書館像」を策定した。

 ① 学生相互に、あるいは様々な人々が交流し、学び合うことを通して、新

たな文化を創造するとともに、一人ひとりの物語を生み、人生を輝きのあるものにする総合学修支援施設
②　多様性を尊重する社会の実現に向けて、お互いに学び合い、さまざまな価値観を共有したり共感したりし、豊かな知性・感性を育むことのできる総合学修支援施設
③　新たな共生社会の実現に向けて、地域社会の交流拠点となり、豊かな学び合いを通して、お互いの思いや願いを共有できる総合学修支援施設

このような「めざす図書館像」の策定に当たっては、次の点に留意した。

①　大学の創設理念との整合性を図ること
②　大学の経営計画との関連性と整合性を図ること
③　社会情勢を踏まえ、図書館としての普遍的な価値に軸を置くこと

「めざす図書館像」に基づいて、資料３〜６にあるように、経営計画策定のためのコンセプトづくりを行った。これらに基づいて、経営計画を策定している。資料７は、「令和５年度附属図書館経営計画」である。学長及び学長補佐の会議で説明するとともに図書館運営委員会で説明し、委員に承認された。
　これらの資料を活用しながら次年度の事業計画や予算案を策定し、法人や事務局長等への事業計画の説明を行った。

【資料３】 経営計画策定のための基本的コンセプト

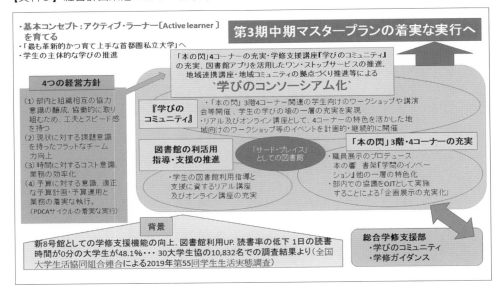

【資料４】 図書館の重点事項（2022 年度）

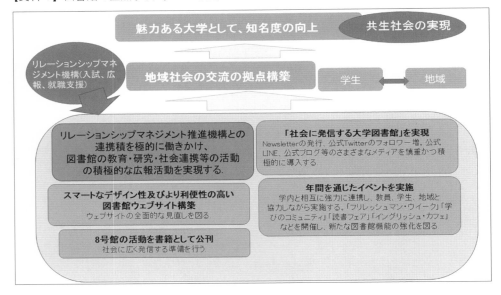

【資料5】 図書館 DX 構想の方向性

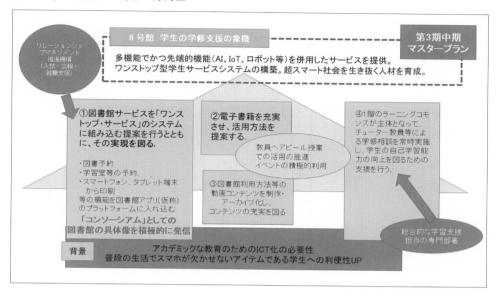

【資料6】 デジタルアーカイブ化構想

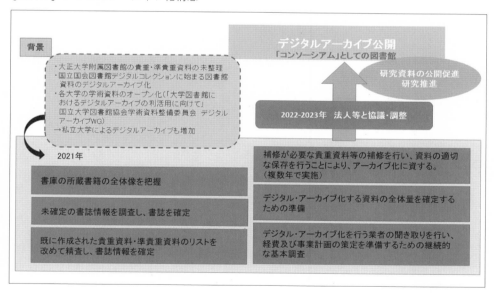

3.〝学びのコンソーシアム化〟という基本理念

　大学のキャンパス内では、学部・学科、研究所はもとより、学生の自主的な学習活動など、さまざまな場での多様な学びが展開されている。しかし、その多様

な学びは、コロナ禍のなかで制限されてしまった。一度閉じられた枠組みを再度外に開いていくには、相応の工夫が必要である。

　本学では、2020（令和2）年に、文部科学省による補助金「知識集約型社会を支える人材育成事業」に採択された。採択大学は、新潟大学、金沢大学、信州大学などである。その趣旨は次のとおりである。[4]

　　「知識集約型社会を支える人材育成事業」は、Society5.0時代等に向け、全学横断的な改善の循環を生み出すシステム（全学的な教学マネジメントの確立、管理運営体制の強化や社会とのインタラクションの強化等）の学内における形成を実現しつつ、今後の社会や学術の新たな変化や展開に対して柔軟に対応しうる能力を有する幅広い教養と深い専門性を両立した人材を育成することを目的とした事業

　複雑化する現代的な課題に柔軟に対応するには、専門知だけでは不可能である。かつての教養科目のようなものではなく、学問領域を超えた学融合の学びを実現するため、本学ではガバナンス機能を一層整備し、横断型のカリキュラムを実現させた。「人間の探究」、「社会の探究」、「自然の探究」といった科目を設置したり、実社会につながるさまざまな経験を有する実務家教員とも連携したアントレプレナーシップ科目といった総合的・横断的な科目を展開したりしながら、学士課程4年間を見通した一貫性のあるカリキュラムとして結実させた。

　これからの図書館には、授業だけではなく、キャンパス内で展開されているさまざまな学びを集約することに努め、その一端を広く学内外に公開していくことも必要である。まさに学内外に開かれた学びである。その理念を支えるのは、"サードプレイス"としての図書館である。

　図書館は知の集積地であり、このことは図書館として欠かせない基本的な役割であり、機能であることはいうまでもない。しかし、集積した知だけではなく、学外の知をもデザインし、積極的に発信していく役割を担う必要がある。本学の場合、その対象は、学生であり、学外の人びとも含まれる。

　その意味で、本学の図書館には、「学びのコンソーシアム化」という理念も持たせている。知の集積地としての大学図書館に、学内外に発信する大学図書館としての役割を持たせる。この考え方は、図書館独自の講座である「学びのコミュニティ」に具現化されている。「学びのコンソーシアム化」とは、学内外をつなぎ、「学び」によって新たな「コミュニティ」をつくることに他ならない。対外的な発信では2022（令和4）年に開催の「萩原朔太郎大全2022」（萩原朔太郎記念・

水と緑と詩のまち　前橋文学館と共催）という企画展、図書館総合展2022（ウェブ開催）への出展、2023（令和5）年5月に開催したシンポジウム「学校司書の社会的地位の向上をめざして」（公益財団法人文字・活字文化振興機構、公益社団法人全国学校図書館協議会と共催）などに具現化されている。

　資料7は2023（令和5）年度の図書館経営計画である。

【資料7】令和5年度附属図書館経営計画

令和5年度附属図書館経営計画

附属図書館長
図書館情報メディア部長
稲井　達也

1．オープン以来の学修支援サービスをさらに工夫し、教育機能の一層の充実を図る。
【事業】
① 図書館システムの入れ替え、LINE等のSNSサービスの新規導入と図書館システムとの連携によるレファレンス・サービスをはじめとした図書館サービスの利便性の向上・充実を図る。
② ICTを活用するなどによる、多様なニーズに対する図書館活用ガイダンスの充実を図る。
③ 学修のための蔵書構築や企画展示の工夫・充実を図り、本を通した学修を支援する。
④ 読書推進のための蔵書構築や企画展示の工夫・充実を図り、読書率の向上に努める。
⑤ 総合学習支援部と連携した図書館独自講座「学びのコミュニティ」の一層の充実を図り、認知度を高め、参加者を増やす。
⑥ 学生支援部と連携した部活動・サークル紹介の開催などをはじめとした教育的支援を推進する。
⑦ 学生スタッフの主体的な取組を再開し、学生による図書館運営の協力体制を確立する。
⑧ 電子書籍の利用を促進するとともに、動画のサブスクリプション・サービスの導入を検討する。

2．研究支援の充実を図り、学術研究の環境整備を推進する。
【事業】
① 13号館のカード目録の今年度中のデータベースの公開を実現（OPACによるもの）する。
※令和3年度と令和4年度の2カ年で、戦後の長年にわたり着手できなかった約35,000件に及ぶカード目録のデータ入力が完了した。
② 文学部日本文学科と連携・協働し、2年計画により、所蔵する貴重資料を収録した書籍を制作する。
③ 重点的な収集による蔵書構築の中期計画、長期計画を策定し、蔵書構成のバランスを是正するとともに、見通しを持った計画的・継続的な蔵書構築を確立する。
④ 学内関係者（学長補佐、教務部等）と連携し、研究データ・ポリシーの策定・改善に努めるとともに、その周知を図る。

⑤ 機関リポジトリーの運用の見直しを行うとともに、本学の研究情報の発信の工夫を図ることを通して、国が推進するオープン・サイエンスの本学としての在り方を模索する。

3. ポスト・コロナを見通して、全国規模での図書館関係の大会等を開催・参加するなどにより、全国に向けて図書館の取り組みの戦略的な情報発信を工夫し、本学の社会的認知度を高める。

【事業】

① 学校図書館法公布70周年記念シンポジウム（5月）の開催、第84回私立大学図書館協会研究大会（当番校,9月）の開催、図書館総合展（10月）への参加を通して、全国に向けて附属図書館の取組を積極的に情報発信する。
② 開館以来3ヵ年にわたる図書館のさまざまな取組を専任職員全員で執筆し、私立大学図書館協会全国研究大会における記念出版として書籍化し、当該大会をはじめとしてさまざまな場での広報活動に努め、全国に向けて図書館の取組を積極的に情報発信する。
※『挑戦する大学図書館—新たな時代の大学図書館をデザインする—』（仮称）
　　刊行：大正大学出版
　　編集：悠光堂（図書館を得意とする出版社）
　　初版刊行予定冊数：500部～700部で検討中
③ 既存の公式Twitter、ニュースレターを工夫し、情報発信の頻度と内容の充実に努める。
④ 現行の図書館ウェブサイトを全面的に改訂し、デザインと利便性を両立させた新たなウェブサイトを設置する。
⑤ 開館翌年度に頓挫した新8号館の愛称募集を再開する。
⑥ 高大接続の重点施策として、理事長付特別補佐（高大接続担当）、リレーションシップ・マネジメント推進機構と連携し、「図書館サミット（仮称）」の実現に向けて、公益財団法人文字・活字文化推進機構、公益社団法人全国学校図書館協議会等との連携を視野に入れて、計画的に準備を進める。

4. コロナ禍において推進できなかった地域との連携・協働を再開し、サードプレイス（第3の居場所）づくりとしての公共的な機能の充実を図る。

【事業】

① 地域住民や地域の学校の生徒・教職員に開放することを通して、地域社会における生涯学習の充実、及び初等教育、中等教育における教育活動の充実に資する。
② 教育委員会や近隣の小学校、中学校、小学校、高等学校と連携した児童生徒の職場体験（インターンシップ）の取り組みに協力する。
③ 地域社会における生涯学習やリスキリングの観点から、学生、地域住民、地域の教職員等を対象として、地域公開講座を開催する。
④ 1階「本のまち」の積極的な利用の工夫について検討する。
⑤ 住民による主体的運営による「まちライブラリー（仮称）」の実現可能性について検討する。

5. 向こう10年先を見通した持続可能な図書館経営の確立を図る。

【事業】

① 中期経営計画、長期経営計画を策定し、見通しを持った図書館経営の確立を図る。
② 図書館業務の仕組みづくりを行い、課員が変わったとしても、図書館の理念に基づいて、揺るぎなく計画的・継続的に図書館経営が行える組織体制を確立する
③ 創立100周年とその先を見通して、鴨台史料室において、進行中の大学史料（「学報」を含む）のアーカイブ構築の一層の推進に努める。
④ OJTを通して図書館職員としての資質・能力の向上を図る。また、積極的に他大学の図書館や公共図書館の視察等を実施する。

４．協働、連携・協力の円滑化をめざす図書館経営

（１）事務部門と教育部門の協働

　本学におけるマネジメントの中心になるのは、毎週開かれる総合政策会議である。経営の中心的な組織として、理事会での決定を受けて、現場レベルでの大学経営の中心となる組織である。規程には「本学理事会が決定した持続可能な競争優位を担保するための戦略的経営及び教学運営の方針並びに当該方針に基づく具体的施策の決定機関」と位置付けられている。

　総合政策会議は、専務理事、学長、副学長、事務局長、副事務局長をもって構成する。本学では図書館長が図書館部門の事務部長である図書館情報メディア部長を兼務し、部長として総合政策会議に出席している。

　また、本学の教学マネジメントの中核をなす組織体は、教学運営協議会が担っている。規程には「学部・大学院における教育・研究の基本的な運営について協議し、教学運営の円滑な推進を図る」と位置付けられている。学長、副学長、学部長、研究科長、図書館長、事務局長、副事務局長、学長補佐、教務部長、総合学修支援部長、学生支援部長をもって構成されている。ここでは、さまざまな業務の情報が集約され、協議している。大学の現状と課題が共有され、総合政策会議で決定されたもののうち、教学マネジメントに欠かせないものが精査され、協議が行われる。このほか、学科長並びに各学科及び総合学修支援センターより選出された専任教員１名からなる代議員会、各学科等の教務主任による教務主任会などがあり、組織的な運営を担っている。

　特に総合政策会議は、教学の代表者でもある学長、副学長、学長補佐が出席するため、理事会で決定された施策と教学との間、すなわち、政策の方向性を受けた実務と教育活動との間に齟齬が生じないように大学を経営するための中核となる機関であり、施策を具体化して事務局や教員に周知するための機能も有している。もちろん内容によっては協議も行い、課題解決に向けた方向性も示唆される。

　学長のリーダーシップとそれを補佐する事務局が主体的に大学経営に関わるためには、教学と事務職員の協働（教員・職員の協働：教職協働）が欠かせない。施策を滞りなく実務に落とし込み、事務局と教員とが一体となって確実に実行に移していくことにより、組織体として円滑な大学経営が実現するようになる。総合政策会議と教学運営協議会では位置付けや性格は異なるものの、教員にさまざまな重要施策が周知徹底され、具体化されていくためには、教学運営協議会という組織体での情報共有や協議が欠かせないものとなる。両者は車の両輪のように有機的に機能している。

（2）図書館長を事務部門において機能させる工夫

　教員が教学部門の部長を担っても、併せて事務局の部長、もしくは課長といった実務を担う事務担当者の管理職を配置することにより、教員と事務局との間に齟齬が生じないように運営するための工夫がなされている大学は多い。

　本学の場合、図書館長と図書館の事務部長を私が兼務している。その利点は次に集約される。

　第1に、図書館長のリーダーシップが発揮しやすくなる点である。図書館の経営計画が実現しやすくなり、図書館経営の主体が図書館長ともなるため、図書館事務部長がいちいち図書館長に相談する手間も省ける。業務の円滑化だけではなく、図書館長の立場で教育をしっかりと視野に入れ、教学マネジメントの視点からも業務を捉えることができる。図書館長がリーダーシップを発揮して、図書館経営に当たることができる。

　第2に、図書館のマネジメントにおいて、教育との一体化が実現しやすくなる点である。図書館長は教育や研究を視野に入れて経営計画を策定するので、図書館における教育活動や研究支援に関して焦点を明確化できる。

　第3に、図書館事務職員との一体化である。これはけっして形式的なものではなく、図書館長は、特に図書館の実務での専門性を有する課長、係長や主任といった職員との間で、理念を経営計画に落とし込み、理念と実務との間で齟齬を生じないように相互に補完し合いながら業務に取組むことができる。そのことが一体化につながる。

　第4に、図書館職員のOJTにおける教育的な視点の導入がしやすくなる点である。大学の図書館職員は図書館情報学に熟知した図書館の専門的な知識を有する職員ばかりが配属されているわけではない。図書館業務に習熟していくためには、OJTは大切である。また、外部の研修等も活用しながら、図書館の知識・技能を徐々に習得していくことができる。しかし、図書館の基本的な業務を広い視野で捉えにくくなる面がある。教育的な視点で学生の学修支援を行ったり、図書館独自の企画を進めたりする場合には、教員でもある図書館長の視点があると、職員が多面的・多角的に考えることを促せる。そのことは大学図書館職員の専門性を広義に捉えていくためにも欠かせない視点でもある。

　第5には、他の部との間で部長という立場からコミュケーションが取りやすくなる点である。図書館長と図書館部門の部長職が兼務のため、部長として事務局の管理職会議にも出席し、情報共有に努めている。図書館の業務を発信する場ともなっており、他部署との連携を取りやすくなっている。

　図書館長と事務部長が兼務している大学は希少であるが、両者が分かれている

場合であっても、教育を担う図書館長と事務を担う部課長は情報共有に努め、連携・協力していくことが大切である。お互いの専門性を活かせるよう、まさに「創発」の視点で、1プラス1が2以上になることを目指すことが大切であろう。

5．図書館経営に欠かせない人材育成

（1）OJTと専門的な研修の確立
　専任職員の図書館業務はOJTを中心にしながらも、私立大学図書館協会などの外部機関の研修にはできるだけ参加してもらっている。先進的な取組をしている他大学の図書館や公共図書館には積極的に視察するように促している。
　また、本学の場合、高校との連携もあるため、私がかつて勤務していた東京都立小石川中等教育学校に職員と一緒に出向き、「総合的な探究の時間」である「小石川フィロソフィー」の「メディア・リテラシー」の授業に参加したり、小学校や中学校からの職場体験の依頼もあるため、学校見学・授業見学を実施したりするなど、児童生徒の学びの状況を肌で感じてもらうようにしている。
　このような実体験は、直接的には図書館職員としての専門性には寄与しないかもしれないが、大学職員として高等教育を担う以上、初等中等教育の現場に出向いて研修することには意義がある。大学職員としての職能の幅を広げ、識見を深めることにつながると考えている。
　以上のことから、本学図書館では、次のような新たな知識・技能の獲得を通して、図書館職員としての専門性を育成する必要があると考えている。

【資料8】大正大学図書館職員の新たな知識・技能

	必要とする知識・技能	活用場面
初等中等教育との連携	●初等中等教育に関する基本的な知識と高校教育改革の動向に関すること	●児童生徒の図書館でのインターンシップや図書委員会活動への支援 ●高校生向け「学びのコミュニティ」講座
カリキュラム	●高校から大学へのトランジション（接続）の観点から、1、2年次の共通・教養科目カリキュラムに関すること	●情報リテラシー教育をはじめとした図書館活用ガイダンス
	●情報リテラシー教育、メディアリテラシー教育に関すること	●卒業論文等の研究支援ガイダンス
	●教員の専門分野と各学科のカリキュラムに関すること	●教員への授業支援
	●入学から卒業に至るまでのキャリア教育に関する系統的なカリキュラムや実践に関すること	●キャリア教育を踏まえた学生対象の「学びのコミュニティ」講座

授業支援	●授業への情報資源の提供・提供方法に関すること	●教員への授業支援
	●教員の FD 研修の内容に関すること	
DX	●教員が主に授業で活用する学修管理システム（LMS）に対すること	●業務の DX化
	●学内の DX の基本的な理念と各システムに関すること	
	●図書館システムやその他のシステムと連携させた図書館 DX に関すること	
	●動画制作、シームレス化、デジタル化、動画スクリーミングとアーカイブ構築等の ICT 活用に関すること	
社会連携	●コレクションを活かした文化的行事の企画・運営に関すること	●学術的・文化的イベント
	●学外の諸機関等と連携した学術的・文化的行事の企画・運営に関すること	
研究支援	●科研費をはじめとした競争的外部資金に関すること	●研究支援
	●オープンサイエンスに関する国の動向と学術情報基盤構築に関すること	●学術情報基盤の整備

（2）双方向のコミュニケーションへ

　人事考課では、上司と部下がコミュニションを取る良い機会になっている。上司ははっきりものを言うのはむずかしく、面接が成長を促さない形式的なものになることはつとに指摘されている。上司は形式的な面談で済ませず、日頃から部下との間でのコミュニケーションを心がけ、職員間でも円滑なコミュニションを図るように促していく必要がある。

　本学では、部署ごとの通常業務の他、チャレンジ領域を設けて、自分がどのような業務にどのようにチャレンジしていきたいかを自己申告し、上司が評価する仕組みを整えている。

　大学図書館の業務は図書館だけで完結するものではない。本学では、図書館の業務に限らず、業務によっては他部署との連携・協力関係の構築が欠かせないものとなっており、職員一人ひとりが部署の垣根を超えて、連携・協力する姿勢を持つことが求められている。

　例えば、4月には図書館を会場として、学生支援の担当部署と連携し、「課外活動紹介キャンペーン—フレッシュマンウィーク—」を開催した。これは職員の発案によって企画され、実現にこぎつけたものである。図書館職員が企画立案・提案し、参加団体の学生との連絡・調整は学生支援の担当部署が担った。

　部署を超えた横の連携にも無理なく取組めるような資質・能力は、これからの大学職員にとって欠かせないと考える。そのためには、職員一人ひとりが広い視

野を持ち、主体的に仕事に取組む姿勢を醸成していくことが求められるだろう。

6．その先へ─開かれた学びへ─

　図書館が先進性と遠く離れた地点にいる時代は、もはや幕を閉じた。学修支援センター、情報活用センター、学術情報基盤センターなどの機能を強化し、文字通りの「知の拠点」として発展していくためには、図書館だけの改革だけでは済まされない。大学改革と一体となって取組む必要がある。

　本学の図書館の場合に特徴的なのは、地域への一般開放である。その意味は、本学の創設理念である「智慧と慈悲の実践」を背景としているが、単なる社会貢献ではない。学ぶ場を保障し、自ら学ぶ人を拒むことなく受け入れるという姿勢は、社会の安寧に少なからず寄与すると考えている。特に格差社会にあって、学ぶ場を保障するということは大切な意味を持つ。大学図書館は社会的なインフラの一つといってもよいだろう。今後、大学が社会にとって欠かせないインフラとなるためには、相応の努力が必要である。

　本学図書館では、多くの一般の人びとと、中学生や高校生が訪れて、思い思いに学んでいる。その姿を学生が目の当たりにすることによって、少なからず刺激を受けるだろう。主体的に学ぶということの意味を考えるとき、大学という閉じられた世界での学びの姿は、アカデミズムという世界での一部を見ていることになる。学外の人びとによる学びの姿によって、学生には生涯学習のイメージもつくられていくに違いない。学びは大学や大学院を終えてからこそ、その先に必要となってくる。リスキリングもその点で重要である。また、生成AIの進展により、学ぶことは対面であろうとオンラインであろうと大きな意味を持つことになるに違いない。図書館に来られない人びとのことを考えれば、電子書籍を始めとして、デジタル環境を一層整備するなど、サービスのためのDX化は欠かせないものとなる。

　公共図書館との連携も視野に入れる必要がある。既に東京都豊島区立図書館との連携も進めている。

　学びを外に開くためには、施設を公開しただけで実現できるというわけではない。何らかの仕かけは必要であるが、自然発生的な動きも期待できるだろう。そして、人もまたある意味では社会での情報資源である。人から学ぶことによって、大きな経験をもたらす。学び合いにはそういう効果がある。

　大学で学ぶZ世代の学生たちと、社会で中核を担う人びとや地域の人びと、すでにリタイアした人びととなど、さまざまな年代の人びとが出逢えば、何らかの

化学反応が起きるはずである。その効果はお互いにとって、けっして小さくはないだろう。そのような意味において、本学に限らず、大学図書館は大きな可能性を秘めている。

　私たちの取組は、まだ緒に就いたばかりである。

【注】

1　「公立大学においても、図書館長の学内的位置付けを高めるとともに、図書館長の選考方法や任期の適切な設定について、同様に検討する必要がある。」とあるように、総じて大学図書館長の学内的位置付けがけっして高くないことを示唆している。名誉職として任命されるケースが見られた面もある。大学のガバナンスの強化により、組織的な運営の観点からも大学図書館長の位置付けを高める必要がある。村上孝弘による「大学図書館実態調査に見る大学図書館長の地位の変化：大学図書館ガバナンスの観点から」（『図書館情報メディア研究』15 巻 1 号、筑波大学、2017 年）では、大学図書館長の地位の変化を歴史的にたどった。国立大学法人化以後の国立大学では、附属図書館長が副学長、理事、学長補佐を兼ねる例も多いことなどを明らかにするとともに、図書館業務の形骸化の懸念が示された。

2　2020（令和 2）年 1 月 22 日、中央教育審議会大学分科会は「教学マネジメント指針」を公表した。[https://www.mext.go.jp/b_menu/shingi/chukyo/chukyo0/toushin/1411360_00001.html]（2023 年 8 月 10 日閲覧）

3　「これからの図書館の在り方検討協力者会議」の設置要綱（平成 21 年 7 月 1 日　生涯学習政策局長決定）には「1．趣旨」として、次のことが示された。

　　　図書館は，人々の生涯学習の場として，学習活動の振興と文化の発展のために幅広い活動を通して，社会の発展に大きく寄与してきたところである。人々の学習目的や学習要求がますます多様化・高度化していること，及び時代の進展・変化に伴う新たな社会の要請に対応して，今後より一層積極的な役割を果たすことが求められている。このため，今日の図書館の現状や課題を把握・分析し，生涯学習社会における図書館の在り方について調査・検討を行う「これからの図書館の在り方検討協力者会議」を設ける。

　　　なお、「2．調査研究事項」は次のとおりである。
　　（1）図書館の現状と課題等について
　　（2）21 世紀の図書館に求められる機能について
　　　ア）高度化・多様化する地域住民の要求への対応
　　　イ）社会の変化に伴う新たな要請への対応
　　　ウ）社会教育施設として備えるべき機能
　　（3）社会の変化に対応した図書館の在り方について

（4）図書館に必要とされる司書の在り方について

　（5）その他

文部科学省「これからの図書館の在り方検討協力者会議設置要綱」[https://www.mext.go.jp/
a_menu/shougai/tosho/youkou/08080609.htm]（2023 年 8 月 10 日閲覧）

なお、資料 3 は、「これからの図書館の在り方検討協力者会議　これまでの議論の概要［目次］」
に示されている。[https://www.mext.go.jp/a_menu/shougai/tosho/giron/05080301/001.htm]
（2023 年 8 月 10 日閲覧）

4　　　文部科学省「知識集約型社会を支える人材育成事業」[https://www.mext.go.jp/a_menu/
koutou/kaikaku/intelligence.htm]（2023 年 8 月 10 日閲覧）

知と集いの渓谷

―地域に根差し、ずっと居たくなる学びの場を目指して―

　8号館は大学図書館を中心に、式典や講演会にも利用可能なラーニングコモンズ、地域交流を促すブックカフェ、大学の御本尊が安置される礼拝ホールを複合した、新しいキャンパスのシンボルであり、学生の学びと集いの場である。複数の学びの場をつなげるために，自然の地形や環境を連想させる段差や窪みなどの起伏があり、ところどころの床を隆起させてできた穴からは階下の人の動きやざわめきが適度に感じられ、その上部に開けた穴からは自然光が降り注ぐ、いわば森の中の渓谷のような空間を設えた。このような五感を刺激する空間の中で、地域の人とも交じり合い、活発な議論やレクチャー、読書会、自習、息抜きなどが同時多発的に行われることで、学びが相乗され、自ら学ぶことへの意欲が高まると考えた。

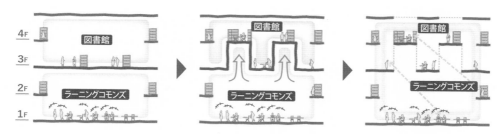

空間ダイアグラム：床を隆起させて空間を立体的につなぐ

◀自然光が降りそそぐ閲覧席

上下階が立体的につながる空間▶

　8号館の中には、みんなで集うことのできる平場、本の森を巡るような散策路、見通しの良い高台テラス、木々に囲われたような少し奥まった暗い場所などさまざまな場が点在する。それらは下階から上階に静けさのグラデーションをつくるように配置されており、それと呼応するように明るさのグラデーションも設定することで、光や音環境も含めた多様性を持たせた。吹き抜け空間には自然換気のシステムを導入し、中間期には外気を感じることもできる。利用者は学修の形態や気分に合わせて、その日の居場所を多様な場の中から選択することができる。

カフェ併設のエントランスホール　　　　　　　ラーニングコモンズ

　外観は、仏教に由来し調和・円満をあらわす伝統紋様から着想を得た七宝パネルで包み、仏教精神を基調とする大学の理念を体現させた。内部にも同様に展開される七宝パネルは、複合用途に一体感を与えながら、照明や空調、吸音などの環境的役割も担っている。

　最上階の礼拝ホールに安置された大学御本尊の下で、地域の方も含めた多くの方が集い、それぞれの活動の様子が適度に感じられる、一人でもグループでも居心地のよい，ずっといたくなる学びの場を目指した。

外観

　　　　大正大学附属図書館の建築コンセプト

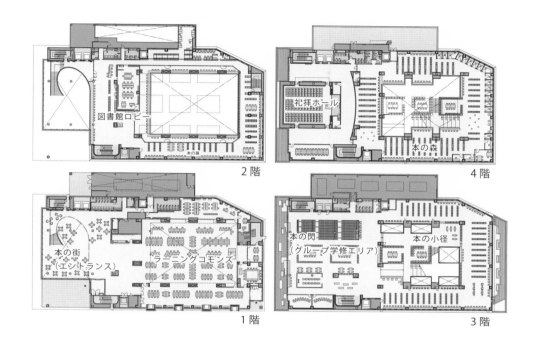

2 階

4 階

1 階

3 階

■建築概要

建築面積：2,974.67㎡

延べ面積：9,392.01㎡

構造／階数：鉄骨造／地上4階

蔵書収容力（冊換算）：300千冊

総座席数：400席

礼拝ホール

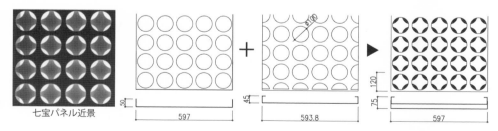

七宝パネル近景

七宝パネル構成：2枚の穴あきパネルを重ねて文様を表現

おわりに

「学びのコミュニティ」を目指して

　図書館が学修・研究の場として活用されつつ、学生はもとより、市民が集い合い、学び合うサードプレイスとしての「学びのコミュニティ」となること、これは今後も取組んでいくことが必要です。昨今多くの大学ではオープンカレッジ、キャリアアップのコース、シニア向け大学院コースなどのリカレント教育やリスキリングへの取組が盛んですが、今後は大学図書館としても積極的な姿勢が必要であると思います。地域の方・その他利用者にとっても学ぶ環境があるということは大きいと思いますし、地域の方にとってもサードプレイスとなる機会の一つと考えます。

特色ある大学図書館へ

　大学図書館としても、大学の運営に沿い、ひとつの大学図書館としての特徴を出していくことが必要と思います。図書館の活動として大学の特徴を表す展示公開やイベントを行い、外部へのPRとなることは、大学としても望ましいことです。大学にとって外部からの評価を得ることの一つになりますし、また大学の中の図書館の存在意義が強まります。例として「学びのコミュニティ」は、開催以来、次第に大学の中で活動が認められ、大学の取組のひとつとして事業報告に組み込まれました。今後も講座内容・参加対象を広げるなど様々な可能性があります。事業を続けることにより、新たな取組が展開することも期待されます。

図書館機能としての充実に向けて

　大学図書館のメインの利用者は、やはり学生・教員です。学生・教員への学修支援と研究支援の充実を図るということは、大学図書館の本来の役割として欠かせません。加えて今後、レファレンス・サービスの充実は言うまでもなく、著作権への対応、教員研究への支援、授業へのサポート、大学所蔵の貴重な資料のデジタル・コレクション化なども、さらに一層の専門的な対応が必要になると推測します。また、障がいのある人たちに対して、いわゆる読書バリアフリー法などの法令を踏まえた合理的配慮のある図書館サービスや、大学図書館としての積極的な啓発活動を進めていくことも必要です。そのために、職員も自ら学ぶ姿勢を忘れてはいけないと改めて思います。

最後に

　大学や大学図書館においても、今後AIの導入が進んでくると、大学図書館の職員に求められることは更に変わってくるでしょう。図書館にも変化や、変化に対しての起動力が求められるのではないでしょうか。大正大学の図書館も今後、新たな展開に取組み、自分たちの専門性を向上させ、図書館の可能性を広げていかなければならないと考えます。

　最後になりますが、執筆にあたりご協力を頂いた全ての皆様に、心より御礼申し上げます。

大正大学図書館情報メディア部　図書館情報メディア課長　古川　真理

執筆者一覧

柏木 正博（かしわぎ・まさひろ）
学校法人大正大学 専務理事
1974 年大正大学入局。教務部長、事務局長などを歴任し、2015 年より現職
特別寄稿 執筆

稲井 達也（いない・たつや）
大正大学教職支援オフィス教授　大正大学附属図書館 館長
図書館情報メディア部 部長
本書監修
第 1 部、第 2 部 1、第 2 部 5 解説 1、第 2 部 5 解説 2、第 3 部、
コラム 1、はじめに 執筆
1962 年、東京都生まれ。上智大学文学部国文学科卒。筑波大学大学院図書館
情報メディア研究科博士後期課程修了。博士（学術）。専門は国語科教育、学校
図書館。都立高校 3 校で教諭、都立小石川中等教育学校主幹教諭、東京都教育
委員会指導主事を歴任。日本女子体育大学教授・附属図書館長を経て現職。令
和 4 年度子供の読書活動推進に関する有識者会議（文部科学省）で委員を務めた。
〈主な著書〉『高等学校「探究的な学習」実践カリキュラム・マネジメント—導
入のための実践事例 23—』（学事出版、2019 年）、『はじめての高校探究』（東
洋館出版社、2023 年）ほか多数。

丸山 雄太（まるやま・ゆうた）
図書館情報メディア部 図書館情報メディア課 主任
第 2 部 2、第 2 部 4 執筆

古川 真理（ふるかわ・まり）
図書館情報メディア部 図書館情報メディア課 課長
第 2 部 3 、第 2 部 8、おわりに 執筆

林 恵理（はやし・えり）

図書館情報メディア部 図書館情報メディア課 係長

第2部5、第2部6 執筆

芦澤 真弓（あしざわ・まゆみ）

図書館情報メディア部 図書館情報メディア課 係長

第2部6、第2部9 執筆

佐藤 ゆう（さとう・ゆう）

図書館情報メディア部 図書館情報メディア課

第2部7、第2部8 執筆

上田 忠憲（うえだ・ただのり）

図書館情報メディア部 鴨台史料室 主幹

コラム2 執筆

大正大学ブランディングセンター

「大正大学ってどんな大学？」執筆

佃 和憲（つくだ・かずのり）

株式会社大林組 設計本部

大正大学附属図書館の建築コンセプト　知と集いの渓谷 執筆

「学び」と「集い」の図書館に挑む
　大学図書館の未来と創造

2023 年 9 月 13 日　　　初版発行

著　　者　　大正大学附属図書館
監　　修　　稲井 達也
発行者　　髙橋 秀裕
制　　作　　株式会社 悠光堂
印刷・製本　　錦明印刷株式会社
発行所　　大正大学出版会
　　　　　　〒 170-8470 東京都豊島区西巣鴨 3-20-1
　　　　　　TEL：03-3918-7311（代）

ISBN978-4-909099-81-5　C0000
©Taisho University Library,2023 Printed in Japan